철학자의 질문

HITOKUCHI KAJITTADAKEDEMO TETSUGAKU WA JINSEI NO KUSURI NI NARU
by Haruhiko Shiratori
Copyright©2024 by Haruhiko Shiratori
All rights reserved.
Originally published in Japan by SEISHUN PUBLISHING CO., LTD., Tokyo.
Korean translation rights arranged with
SEISHUN PUBLISHING CO., LTD., Japan.
Through The English Agency (Japan) Ltd. and Danny Hong Agency

이 책의 한국어판 저작권은 대니홍 에이전시를 통한 저작권사와의 독점 계약으로
㈜북새통-토트출판사에 있습니다. 저작권법에 의해 한국 내에서 보호를 받는 저작물이므로
무단전재와 복제를 금합니다.

철학자의 질문

생각이 혼란스러울 때마다
꺼내 먹는 한입철학

시라토리 하루히코 지음
전경아 옮김

토트

 머리말

자신을 구하기 위해
철학을 활용하는 법

"지금 시대에 철학이 무슨 소용이죠?"

이 질문에 대해 나는 분명히 대답할 수 있다. '철학은 지금 우리 앞에 놓인 문제를 타개하면서 스스로 새로운 모습으로 거듭날 수 있게 돕는다'고 말이다.

- ❋ 고독을 호소하는 사람이 왜 이렇게 많은가?
- ❋ 열심히 했지만 아무 보상도 받지 못했는가?
- ❋ 인생이 항상 불안정하고 불안한가?

이런 의문에 대한 답을 구하는 일에도 철학이 도움을 준다. '정보와 지식, 경험을 구조화하여 새로운 가치를 발견하고 대응이 필요한 일에 대처하며 그와 동시에 앞으로 자신의 삶을 쇄신하는 데' 말이다.

철학은 어떻게 우리의 삶에 도움이 되는 것일까? 우리가 철학자들의 독특한 사상을 익히면 사고방식이나 가치관에 그 철학 한 방울이 마법처럼 작용하여 지금까지 깨닫지 못했던 새로운 관점과 발견을 더할 수 있다.

그렇다고 해서 무작정 어려운 철학서를 찾아 읽으라는 말은 아니다. 철학을 알기 쉽게 해설한 책을 통해 각 철학의 핵심만 알아도 충분하다. '연애는 왜 이렇게 힘들까?'라고 생각하는 사람은 '사랑과 소유의 도취를 혼동해서는 안 된다. 그런 도취는 최악의 고통을 가져온다'(『어린 왕자』 생텍쥐페리)라는 철인이 남긴 한 문장만 만나도 자신이 무엇 때문에 고민하고 있는지 이전보다 명확하게 깨닫게 될 것이다.

철학의 근원에는 필시 세상에 판치는 편견을 무너뜨리고 근본부터 새로운 것을 세울 수 있는 힘 있는 사고가 있으며 그것이 혼란에 빠진 당신을 구할 것이다. 그것이 바로 철학의 쓸모다.

- 시라토리 하루히코

차례

머리말 04

chapter 1
노동의 본질에 대해 먼저 생각해 보자

1 지금 하는 일을 평생 할 수 있을까?
시간당 임금은 '지각'에서 시작됐다 15
인간은 기계처럼 일할 수 없다 16
아침부터 일했는데 저녁부터 일한 사람과 같은 임금?! 17
임금의 공평함은 어디에서 오는가? 18
인간을 일하는 도구로 생각한다 19
최저임금법은 정말 노동자를 위한 것인가? 19

2 인간이 더 편하게 살기 위해 만든 법률이 아닌가?
'십계명'은 인간의 삶과 맞닿아 있다 23
현대의 법은 지배를 목적으로 한다 25
사회에 적응하는 것은 생권력에 지배당하는 것이다 26
법치국가와 법치주의국가는 다르다 28

| 노동자가 인간답게 살 수 없는 현대사회 | 29 |
| 목소리를 내지 않는 것은 지배당하고 있다는 뜻이다 | 30 |

3　권위의 압박을 어떻게 견딜 것인가?

저항하는 게 귀찮으니까 복종하는 척?!	33
결과적으로 권력에 굴복한 소크라테스	34
권위의 억압에 반항하지 않는 사람들	35
쿠데타는 혼자서도 일으킬 수 있다	36

chapter 2
그 사람보다 낫다, 못하다 하는 것은 무슨 뜻일까

4　서민에게 클래식은 너무 부담스러운가?

소속된 계급에 따라 취미까지 정해져 있다	41
상류계급과의 차별을 만드는 아비투스	43
버버리는 왜 로열 브랜드가 되었나?	44
인간성이 아닌 속성으로 차별하는 사람들	46

5 차별의 감정은 어디에서 오는가?

'상품의 차별화'에서 '차별'이 뜻하는 것   49
차별은 숨은 불안에서 나온다   50
유럽에서 보면 아시아는 미개하다?!   51

6 종교를 믿으면 평화가 올까?

종교도 차별화를 이용해 신자를 늘린다   55
믿는 사람이 많아진 뜻밖의 이유   56
'예정설'에 의한 차별화   58

chapter 3
복잡한 인간관계 어떻게 마주할 것인가

7 자기답게라는 말은 무슨 뜻일까?

포도원 노동자들은 소외되었다   63
취업 준비 레이스에 지쳤다   65
정치도 아니고 시스템도 아니고 내가 문제다   67

8 열심히 했지만 아무 보상도 받지 못했는가?

꿈과 목표는 목적 달성을 위한 수단일 뿐   71
즐거움에서 소외되는 사람들   73
돈이 많이 드는 가짜 즐거움   74

자신을 위해 다른 사람을 이용하고 있지는 않은가?	76
자기 자신이 되는 것을 방해하는 사회	77

9 자신을 해방한다는 것은 무슨 뜻인가?

자본주의 노동자로부터의 탈출	81
젊은 마르크스는 공산주의 사회를 목표로 하지 않았다	82

10 나와 너, 우리의 거리는 어떻게 설정해야 할까?

세상을 둘로 쪼갠 것은 자신이다	85
사회라는 관계망 속에서 사는 고통	88
얼렁뚱땅 놀기만 하는 나날을 보내고 있지는 않은가?	89
나와 너의 관계를 담고 있는 문학	90
부버의 나와 너의 관계	92
고대 로마인들의 집에는 신이 있었다	93

chapter 4
다른 사람을 사랑하는 것은 왜 고통스러운가

11 아이돌을 덕질하는 것이 부끄러운 일인가?

우상의 시작은 단순하다	99
선전이 우상숭배로 이어지는 과정	100
아이돌 장사와 우상숭배	102

12 명품 가방에는 어떤 값어치가 있는가?
마르크스가 살던 시절의 쇼핑 106
브랜드라는 이름에 속아 넘어간다 107
내가 원하는 것이 무엇인지 모른다 109
우상 속에 갇혀 버린 우상숭배자들 110

13 행복과 건강을 기원하는 것은 자연스러운 일일까?
신에게 소원을 비는 사전도 만들 수 있다! 113
신이 현실을 바꿀 수 있을까? 115
많은 것이 우상이 될 수 있다 116
언젠가는 무능해지거나 죽음을 맞게 된다 117

14 현대인은 왜 무한한 고독을 호소하는가?
소외는 사람을 죽음에 이르게 한다 121
내 안에 있는 아이돌의 매력 122
만약 의사가 우상숭배자라면? 123

15 사랑을 하면 왜 괴로운 것일까?
연애와 결혼으로 드러나는 인간 소외 127
연애가 힘든 진짜 이유 128
사랑받고 싶은 것은 자신을 잃어버렸기 때문이다 131
도겐의 세계론으로 보는 연애 133
사랑은 앎을 통해 이루어진다 136

chapter 5
인생의 성공은 누가 결정하는가

16 지금의 상황을 바꾸려면 어떻게 해야 할까?
열쇠를 부수고 손잡이를 당겨라   143
성공은 꼭 해야만 하는 것인가?   145
실패에 대한 두려움이 더 크다   147
공포가 만들어 내는 동조 심리에서 파시즘으로   148

17 인생이 항상 불안정하고 불안한가?
불안정하고 안전하지 않은 삶이 건강한 삶이다   152
자유로운 인간이 되는 것   153

18 사후에도 영혼은 계속 살아 있을까?
죽음과 잠은 같은 것일까?   157
'나'는 죽는다   158
사후 세계는 정말 존재할까?   161
현실 사회에서의 삶을 무시한다   163
지금을 살아라   164

Chapter 1

노동의 본질에 대해 먼저 생각해 보자

임금·노동시간·권력의 규칙은 어떻게 정해지는가

지금 하는 일을
평생 할 수 있을까?

법적 근거 따위, 허술하다.

- 파스칼

시간당 임금은 '지각'에서 시작됐다

사람들의 시간관념이 크게 바뀐 것은 철도가 생기고 나서부터다.

1825년, 영국에서 최초의 석탄 열차가 달리기 시작했고 1830년에는 시간표에 따르는 정기 운행이 시작되었다. 이후 유럽과 미국에서는 철도가 발달했다. 이때부터 정해진 시간에 늦는다는, 이른바 '지각'이라는 개념이 생겨났다.

그 이전에도 시간을 재는 도구로써의 시계가 있긴 했지만 19세기까지는 부자를 위한 사치품이었다. 20세기에 들어서면서 유명 브랜드가 대중적인 시계를 만들기 시작했으나 이때의 시계는 부사관과 조종사의 전쟁 필수품이었다.

시간을 거의 정확하게 잴 수 있게 되자 시급이라는 개념이 생겨났다. 아마도 20세기 전반 이후의 일이다. 지금은 시급이라는 개념이 보편적으로 사용된다. 아르바이트나 파트타임 근무자, 계약직 사원은 주로 시급을 받고 일한다. 그런데 사람의 노동과 시간을 연결하다니 너무 이상하지 않은가? 사람이 일하는 것과 시간은 애초에 아무 관계도 없는데 말이다.

인간은 기계처럼 일할 수 없다

단순히 시간이 흐른다고 인간의 노동이 미리 계산된 수준의 생산이나 매출을 반드시 달성할 수 있는 것은 아니다. 반면 제품을 만드는 기능을 가진 기계의 경우는 다르다. 기계의 가동 시간과 생산 수량은 거의 비례한다. 정상 작동하는 기계와 가동 시간은 관련되어 있기 때문에 생산량 전망이 나온다. 그런 상식적인 일은 누구나 안다. 그리고 인간은 기계처럼 일정하게 일할 수 없다는 것도 안다.

그런데도 시급이라는 개념을 들먹이며 인간의 노동에 적용하는 이상한 짓을 하고 있다. 심지어 노동시간에 맞는 임금을 주는 것이 공정하지 않냐고 주장한다. 정의를 실현하기 위해서는 노동하는 모든 사람에게 일한 만큼의 충분한

임금을 지불해야 하지 않을까? 개별 노동자의 생산량이나 노동시간과는 상관없이 말이다. 2,000년 전 나사렛 사람 예수가 다음 우화를 들어 말했다.

아침부터 일했는데
저녁부터 일한 사람과 같은 임금?!

포도원 주인은 포도밭에서 일할 사람을 구하려고 아침 일찍 장터에 나가 하루에 1데나리온(로마 화폐)을 주겠다고 약속하고 사람들을 밭으로 보냈다. 9시쯤 다시 나가 보니 아직까지 일감이 없어 서성이는 사람들이 있기에 그들에게도 같은 약속을 하고 밭으로 보냈다. 12시와 오후 3시에도 같은 약속으로 사람들을 고용해 밭으로 보냈다. 오후 5시에 주인이 밖으로 나갔을 때도 일거리가 없는 사람들이 있어 1데나리온을 주기로 약속하고 밭으로 보냈다.

날이 저물어 저녁 6시가 되자 주인은 회계사에게 임금을 지불하라고 명령했다. 5시경에 고용된 사람들이 와서 1데나리온씩을 받았다. 그러자 아침 일찍부터 일한 사람들이 와서 "왜 아침부터 일한 우리에게도 1데나리온만 주느냐?"고 불평했다. 그러자 주인은 포도밭에서 일하면 1데나리온을 주겠다고 약속하지 않았느냐고, 자신의 관대함을 비난하느냐고 말했다.

임금의 공평함은 어디에서 오는가?

아침부터 일한 자신들이 1데나리온 이상의 임금을 받아야 한다고 불평한 노동자들은 정당한 요구를 한 것일까? 사실 포도원 주인은 포도밭에서 일하면 1데나리온을 주겠다는 계약을 이행했을 뿐, 불합리한 점은 하나도 없다.

그런데 포도원 주인은 왜 노동에 따른 수확량과 관계없이 1데나리온을 지불하기로 미리 결정한 것일까? 포도원 주인은 누구나 당장의 생활을 위해 1데나리온이 필요하다는 것을 알았다. 그래서 그들이 온전히 생활할 수 있도록 노동자 자신과 그 가족에게 필요해 보이는 금액을 임금으로 정한 것이다. 포도원 주인의 이런 생각이야말로 공평한 임금의 근거가 아닐까?

인간을 일하는 도구로 생각한다

그런 관점에서 보면 현대의, 이른바 시간당 최저임금은 턱없이 낮다. 인간을 충분히 살 수 있게 한다기보다 오히려 인간의 생활을 완전히 무시하고 인간 전체를 모멸하는 행위라고 할 수 있다.

우화에서 흥미로운 것은 아침부터 일한 사람들이 불평했다는 점이다. 그들은 긴 시간 일한 만큼 더 많은 수확을 했고 그 수확량에 따라 더 많은 임금을 받을 수 있으리라 생각했다. 자신들도 노동자이면서 다른 사람을 생산에 쓰이는 노동의 도구나 기계처럼 본 것이다. 시급을 받고 일하는 현대인들도 비슷한 생각을 한다. 그래서 다른 사람의 휴식 시간을 손실로 여기고 지나치게 신경 쓰거나 피곤하면 쉬어야 하는 인간의 몸과 마음에 대해서는 나 몰라라 한다.

최저임금법은 정말 노동자를 위한 것인가?

현대의 시급은 대체로 최저임금법(일본은 1959년부터, 우리나라에서는 1986년에 법이 제정되어 1988년부터 시행되었다-역주)에서 정한 금액을 약간 웃도는 수준이다. 불법은 아니지만 비인간적인 액수라고 할 수 있다. 그런데도 법으로 정해져 있으니 공평한 금액이라고 수용해야 하는가? 그렇지 않다. 법을 따른다고 해서 법에 정해진 최저임금이 결코 공정한 것이라고 말할 수는 없다. 통치를 위한 행정에는 법이 도움이 되지만 더 나은 인간 생활을 보장해 주는 것은 아니다.

어떠한 법도 대중을 위해 고심해서 만들었다고 할 수 없다. 오히려 많은 법의 근거가 허술하다. 본인이 이혼하기 위해 이혼을 금지하던 가톨릭교회 대신 영국국교회라는 새로운 종교 조직을 만들고 국왕지상법을 제정한 16세기의 영국 왕 헨리 8세처럼, 권력자나 유력자의 의향이나 이해를 위해 그때그때 억지로 고안된 것이다.

현명한 사람이라면 다른 일반적인 법률도 그 근거가 허술하다는 것을 경험으로 이미 알고 있다. 17세기 프랑스에 살았던 파스칼도 『팡세 Pensées』(1670년)에서 이 점을 분명히 지적한다. "그 땅의 법, 권위, 정의 등의 본질은 단지 그 땅에 사는 사람들의 현행 습관에 지나지 않는다. 그래서 쉽게 받아들여지는 것이다."

법이 정의라며 복종하는 사람은 그 법의 본질을 잘 알고 그 법의 정의를 따르고 싶어 하는 것이 아니다. 단지 자신들이 상상하는 정의에 복종할 뿐이다. 어떤 법이라도 그 유래를 조사하면 근거가 매우 가볍고 내용이 없다.

> **블레즈 파스칼**
> Blaise Pascal, 1623~1662
>
> 프랑스의 철학자, 자연철학자, 수학자. '인간은 생각하는 갈대다' 등의 명언을 남겼고, 수학에서도 '파스칼의 정리'를 통해 이름을 남겼다. 확률론의 기초를 세우며 계산기 발명에도 기여했다. 철학자로서는 『팡세』를 통해 인간의 나약함과 사유의 위대함을 동시에 통찰하며, 이성과 신앙의 관계를 깊이 있게 탐구했다.

인간이
더 편하게 살기 위해
만든 법률이 아닌가?

권력자들이 제멋대로
힘을 휘두르는 사회가 있다.
- 푸코

'십계명'은 인간의 삶과 맞닿아 있다

 최근의 법에서만 제대로 된 근거를 찾을 수 없는 것일까? 아주 먼 옛날에도 법이라는 것은 원래 그랬던 것일까?
 아주 먼 옛날의 법이라고 하면 기원전 18세기 후반 바빌로니아(현재 이라크 남부)의 함무라비 법전과 유대교 『성경』에 기록되어 있는 '십계명'이 유명하다. 십계명은 기원전 15세기경에 만들어졌다고 하는데 요지는 다음과 같다.

 1. 나 외에는 아무도 신으로 섬기지 말라.
 2. 무엇인가를 깎아서 형상을 만들고 그것을 숭배하지 말라.
 3. 신의 이름으로 마술, 점, 맹세 따위를 하지 말라.
 4. 7일에 하루는 일하지 말고 쉬어라.

5. 부모를 공경하라. 그러면 오래 살 것이다.

6. 살인하지 말라.

7. 간음하지 말라.

8. 남의 물건을 훔치지 말라.

9. 거짓 증언을 하지 말라.

10. 남이 가진 것을 탐내지 말라.

1계명부터 3계명까지는 종교를 만들지 말라는 금지명령처럼 읽힌다. 이른바 우상숭배 금지라고 불리는 2계명은 그 기저에 인간의 삶에 대한 깊은 통찰이 있는 것 같다. 그 통찰이 무엇인지는 4장에서 설명하겠다. 4계명은 인간에게 휴식이 필요하다는 것이 근거로 보인다. 그렇다면 경험칙에서 나온 건강 증진을 위한 지혜이리라. 5계명에서 왜 부모를 공경하면 오래 살 수 있는지는 알 수 없다. 이것도 경험칙에서 나온 지혜로, 가족 내에서 말다툼을 해서는 안 된다는 뜻일지도 모른다. 6계명부터 10계명까지는 고통이나 분쟁을 피해야 한다는 것이 근거인 듯하며 이것도 경험칙에서 나온 가르침이다.

전체적으로 살펴보면 십계명은 불쾌하지 않은 생활을 하기 위한 배려가 근거인 듯하다. 그렇다면 인간의 삶에 공헌

하기 위한 법이지 사회 통치를 위한 법은 아니다. 그 점이 우리가 생각하는 법과 다른 점이다.

현대의 법은 지배를 목적으로 한다

현대의 최저임금 액수로는 불쾌함을 느끼지 않을 최소한의 생활도 할 수 없을 것이 분명하다. 그렇다면 최저임금법은 인간 생활을 위해 제정된 것이 맞나? 사실상 사회의 최하층을 만드는 데는 확실히 도움이 된다는 점에서 보아 사회에 상하층 구조를 만들고 인간의 위계질서를 형성하는 것이 숨겨진 주요 목적이 아닐까?

이것은 지나친 추측이 아니다. 통치와 지배를 목적으로 만들어진 법과 규범, 규칙이 너무나 많다. 한때 일본에 존재했던 국민우생법(1940년~1948년)이나 우생보호법(1948년~1996년) 등은 인간을 우량과 불량으로 분류해 불량으로 간주한 인간을 배제하는 법이었다. 이런 성격의 법과 제도는 세계 각지에서 볼 수 있다.

프랑스의 철학자 미셸 푸코는 그의 저서 『감시와 처벌』(1975년)과 『성의 역사』(1976년~)에서 19세기 이후 권력자들이 일반 서민 위에 군림하기 위해 온갖 수단으로 힘을 밀어붙이는 사회 상황을 '생권력(bio-pouvoir, 생명권력, 생체권력 등이 혼용되고 있음)'의 지배라고 명명했다.

 미셸 푸코
Michel Foucault, 1926~1984

프랑스의 철학자, 사상가, 작가. 기존의 철학적 접근을 탈피하여, 사회와 인간을 바라보는 새로운 시각을 제시한 사상가로 평가받는다. 특히 정상과 비정상, 이성과 비이성, 규범과 일탈의 경계를 문제 삼으며, 우리가 '당연하다'고 여기던 개념들을 역사적 맥락 속에서 비판적으로 해체했다. 대표 저서로는 『광기의 역사』, 『말과 사물』, 『감시와 처벌』, 『성의 역사』 등이 있다.

사회에 적응하는 것은 생권력에 지배당하는 것이다

생권력이란 우리의 삶을 좌우하는 권력을 말한다. 게다가 이것은 노골적으로 명령하는 강제적인 힘만 가리키는 것이 아니다. 조용하고 보이지 않는 성질도 있다. 지배자의 비

인간적인 사상에 뿌리를 둔 법, 제도, 규범, 규율, 질서, 상식이라는 규칙을 학교, 직장, 사회, 인터넷을 통해 우리 내부에 교묘하게 뿌리내리게 함으로써 결과적으로 그들에게 관리당하고 지배당하게 한다.

누군가가 순순히 지배당하면 생권력 측은 이를 가리켜 '사회로의 적합'이라고 불렀다. 여기서 사회란 권력이 힘을 휘두르는 틀을 말한다. 그 틀 안에 가두면 길들이기가 쉽다. 그런 생권력이 생활에 스며들면 결국 사람들은 '사회란 그런 것이다'라며 순순히 받아들인다. 언론 인터뷰에 쉽게 응하는 거리의 사람들이 그렇다. 뻔한 말만 입에 올린다. 그런 태도에는 인지 편향, 즉 정상화 편견이 가미된 타성이 존재하고 거기에서 다시 모든 일에 체념하는 것이 어른스러운 태도라는 풍조가 생겨난다.

게으름과 무관심에 뒤덮여 마음에 조금 걸리는 것이 있어도 파고들어 의미를 찾으려 하지 않는다. 그러면 가령 누군가가 낮은 임금을 받아도 그것은 그 사람의 학력이나 실력이 모자라서라고 생각한다. 자기들이 그 사람보다 우월하다고 여기는 것이다. '태어날 때부터 불운했다'거나 '그런 팔자를 타고났다'는 등의 운명론이나 미신을 핑계로 대기도 한다. 생권력이 더욱 깊게 스며들면 법치국가에 살고 있으니

다른 사람들과 마찬가지로 법에 따라야 한다고 생각하게 되는 것이다.

법치국가와 법치주의국가는 다르다

그러나 법치국가란 그런 것이 아니다. 법을 활용하여 국민을 다스리는 나라는 법치국가가 아니라 법치주의국가다. 표현이 매우 비슷하여 내용도 같다고 생각하기 쉽지만 영어로 법치주의는 nomocracy고, 법치국가는 country governed by law다. 표현과 내용이 전혀 다르다.

법치주의란 전란이 계속된 고대 중국에 난립하던 정치철학의 하나인 『한비자』(기원전 3세기)에서 나온 개념이다. 왕족의 자제이자 신체적 콤플렉스를 가지고 있었다는 한비는 인간의 본성은 악하다는 인간관에 따라 백성이 아무 짓도 하지 못하게 법으로 꽁꽁 묶어 놔야 한다고 주장했다. 그에 따르면 나라의 이익을 위해 백성의 행동을 강제하고 그에 따르지 않는 자는 엄하게 벌해야 한다는 것이다. 그 사상이 신상필벌(信賞必罰)이라는 관용어로 지금도 남아 있다.

> **한비자**
> 韓非子, 기원전 280?~233
>
> 유가의 순자에게 배워 법가 사상을 구축했다. 그 사상을 집대성한 저작이 바로 『한비자』다. 그는 인간은 본래 이기적이고 탐욕스럽다는 현실 인식을 바탕으로, 법과 제도를 통해 질서를 유지해야 한다고 보았다. 그의 사상은 당시 강력한 중앙집권을 추구하던 진시황의 눈에 띄었고, 진나라의 통일 정책에 이론적 기반을 제공했다.

노동자가 인간답게 살 수 없는 현대사회

요컨대 법치주의란 통치자가 대중을 따르게 하고 자기 뜻대로 움직이기 위해 '법'을 활용하는 태도를 말한다. 따라서 그렇게 만들어진 법은 통치자에게만 유리한 도구로써의 법이 되고, 재판소도 실질적으로 독립된 곳이 아니라 통치자 측에서 이용하는 수많은 도구 중 하나가 된다.

한편 법치국가라는 개념은 칸트를 비롯한 독일어권 철학자들이 이런저런 모색 끝에 18세기 이후 고안된 것이다. 국민의 의지가 어떤 법을 제정하고 그 법에 따라 국가의 정치가 이루어지는 것을 가리킨다. 앞에서 소개한 법치주의와는 반대로 법치국가에서는 법을 통해 국민이 정치를 지배한다. 지배의 힘을 사용하는 방향이 반대다. 따라서 일본 등 일부 현대사회 국가는 법치국가라고 말하기 어렵다. 그리고 노동자가 인간으로서 하루하루 사는 것까지 위협하는 현재의 최저임금법은 법치주의국가에 의한 조용하고 억압적인 생권력적 법임을 새삼 뼈저리게 느낄 수 있다.

목소리를 내지 않는 것은 지배당하고 있다는 뜻이다

억압적인 상황을 묵묵히 견디는 경우에도 많은 사람들이 미처 깨닫지 못하는 사이, 생권력에 의해 결국 노예 상태에 놓인다. 현재 상황이 실제로 그렇다. 권력에 신경 쓰지 않고 자신의 일상생활을 평소대로 보낼 때도 외려 생권력의 지배 손아귀에서 벗어나기 어렵다. 신경 쓰지 않는 태도는 결과적으로 다수에게 휘둘리는 것과 같고 그 다수야말로 생권력의 틀에 갇힌 사람들이기 때문이다.

파스칼은 많은 사람들에게 영향을 미치는 것에 대해 이렇게 썼다. "왜 인간은 다수에게 복종하는가, 더 이치에 맞기 때문인가? 아니, 더 힘이 있기 때문이다. 왜 인간은 고대의 법률이나 옛사람의 의견을 따르는가, 그것이 가장 건전하기 때문인가? 아니, 그것이 단일하여 우리에게서 다양성의 뿌리를 제거하기 때문이다." 파스칼이 밝힌 바와 같이 법과 권위의 세기는 그것이 미치는 측, 즉 평범한 사람들의 태도에 달려 있다.

권위의 압박을
어떻게 견딜 것인가?

소크라테스는 법에 따르고
죽음을 택한 철학자다.
- 플라톤 『크리톤』

저항하는 게 귀찮으니까 복종하는 척?!

19세기 독일의 유명한 역사가 몸젠(Theodor Mommsen)에 따르면 기원전 5세기경부터 형성된 고대 로마 국법에서도 권위나 권력은 사람들의 대응에 따라 성립하는 것이라고 보았다. 권위란 명령적 조언, 즉 '조언 이상 명령 이하인 것을 가리키며, 오히려 정당하게 복종을 거부할 수 없는 조언'이라는 식으로 요약할 수 있다는 것이다.

조금 더 이해하기 쉽게 말하면 강제가 아닌 형태로 권위에 복종하도록 유도하지만 복종할지 아닐지는 그 사람이 소극적으로라도 동의하느냐 아니냐에 달렸다고 보는 것이다. 요컨대 엄명은 아니지만 명령과 같다. 즉, 거기에는 무언의 압력이 숨어 있다.

결과적으로 권력에 굴복한 소크라테스

압력에 굴하지 않고 반발할 여지가 남아 있기는 하다. 그러나 실제로 억압적인 제도나 법, 규칙을 들이대면 많은 사람이 귀찮은 일을 피하려고 일단 부화뇌동하기 쉽다. 회사원이라면 엇비슷한 작은 사례를 매일같이 경험할 것이다.

닥쳐오는 권력이나 법의 힘에 결국 굴복하는 형태로 목숨을 잃어야 했던 역사상 유명한 예는 플라톤의 『파이돈』이나 『소크라테스의 변명』에서 묘사된 71세의 소크라테스일 것이다. 기원전 4~5세기 그리스의 철학자 소크라테스는 젊은 이들에게 철학 사상을 무보수로 가르쳤다. 그런데 그것이 젊은이들을 타락시킨다는 이유로 아테네에서 단죄를 받아 스스로 독당근을 먹고 죽는 형태의 사형을 선고받았다. 대신 죽는 날까지 한 달의 유예기간을 주었다. 그사이에 국외로 탈출할 수 있도록 시간을 준 것이다. 하지만 어째서인지 소크라테스는 형무소에 머무는 것을 선택했다.

당시 소크라테스가 "악법도 법이다"라고 말했다고 전해지지만 플라톤이 소크라테스의 말과 행동에 관해 쓴 기록에는 그런 내용이 없다.

소크라테스
Socrates, 기원전 470~399년경

고대 그리스 철학자로 서양철학의 초석을 쌓은 인물 중 하나다. 그는 철학을 인간 존재와 윤리, 지식의 문제로 이끈 사상가로 평가받는다. 직접 남긴 저작은 없지만 제자 플라톤과 크세노폰의 저작을 통해 그의 삶과 사상을 엿볼 수 있다. 질문을 통해 무지를 자각하게 하는 '산파법'으로 유명하다.

권위의 억압에 반항하지 않는 사람들

최저임금법을 비롯한 많은 법의 내용이 국민들을 억압하고 있다. 그러나 일본에서는 이러한 법에 대해 분노하거나 시위하는 등의 저항운동이 전혀 일어나지 않는다. 이는 정부나 행정기관, 즉 통치 측에 선 관계자들을 특별한 권위를 가진 집행자로 봐야 한다는 세속적 가치관이 오래전부터 만연해서가 아닐까 한다. 또한 일본인이 법이나 규칙에 대해 수동적인 태도를 취하거나 법의 근거나 내용을 굳이 캐려 하지 않는 것은 권위를 가진 사람이 제안하는 일에는 전반적으로 의심하지 않는 경향이 있다는 것을 보여준다.

언제부터 일본인은 그런 경향을 보였을까? 천황을 정점으로 하는 권위 제도가 인습적으로 오래 지속되었기 때문에? 분란을 일으키지 않는 것이 바람직하다는 전반적인 풍조 때문에? 항상 자신의 안위만을 생각하기 때문에? 그것도 아니라면 생각을 하지 말고 무조건 믿는 것만으로 충분하며 그렇게 하면 하루하루를 이전처럼 보낼 수 있다고 생각하기 때문일까…….

파스칼은 이렇게 썼다. "세상에는 사실대로 증명할 수 있는 일이 얼마나 적은가." "그래서 인간의 습관이라는 것이 신뢰할 수 있는 증거가 된다. 내일이 온다거나 언젠가 죽을 것이라는 일은 증명할 수 없고 그저 습관적으로 믿는 수밖에 없다." 일본인은 권위의 존재도 습관적으로 믿는 것 같다.

쿠데타는 혼자서도 일으킬 수 있다

권력과 권위에 얽매이면 결국 자신을 잃고 노동과 납세와 투표를 막연히 반복하는 도구에 지나지 않게 된다. 이미 300년 전에 파스칼은 『팡세』에 권력과 권위에 얽매이지 않는 한 가지 방법을 썼다. "국가에 반역하고 국가를 전복시키는 방법은 기성의 습관을 그 기원까지 거슬러 올라가 조사한 뒤, 그 권위와 정의가 결여되었음을 보여줌으로써 동요시키는 데 있다."

당연하게도 세계의 군주제나 천황제의 권위에는 정당한 근거가 하나도 없고 단지 많은 사람이 습관적으로 받아들이고 있었을 뿐, 그 내용에 권위도 정의도 없다는 것이 드러났다. 이는 내면의 쿠데타와 같은 것으로 비록 내면의 쿠데타지만 결국에는 태도, 말, 행동으로 드러나 권력과 권위를 조금씩 무너뜨리는 힘이 된다.

Chapter 2

그 사람보다 낫다, 못하다 하는 것은 무슨 뜻일까

차별하는 것·구별하는 것·
순위 매기는 것의 심층

서민에게 클래식은 너무 부담스러운가?

계층 간 질서를 확립하는 것이
아비투스다.
- 부르디외

소속된 계급에 따라 취미까지 정해져 있다

내면의 쿠데타를 실현한 책이 있다. 프랑스 철학자 피에르 부르디외의 『구별짓기』(1979년)다. 부르디외는 귀족 등 '이른바 상류계급이 우월하고 정통적으로 상류라는 근거는 어디에도 없다'는 것을 면밀한 실지 조사를 통해 보여준다.

일반적으로 왕족이나 귀족, 황족에 속한 사람을 사회의 최상층으로 여기고 권력과 연결되어 있다고 본다. 그들은 태어날 때부터 부유한 사람들이고 그들의 지위, 생활, 교양, 사상, 인간관계, 취미에는 그들만의 독특한 전통과 고귀함이 있다고 여긴다. 예를 들어 프랑스 상류사회에 속한 사람들은 악기라면 기타가 아닌 피아노를 치고, 바흐가 아닌 관능적인 드뷔시를 좋아한다. 승마와 골프를 즐기고, 골동품 가게에서 가구를 사고, 그림을 수집하고, 샴페인을 마신다.

서민이 그와 같은 취미나 기호를 가지면 다른 서민에게 아니꼽게 보인다. 서민이라면 모름지기 유행하는 대중음악을 기타로 연주하고, 내일의 할 일을 준비하고 일이 끝나면 맥주를 마시며 텔레비전으로 축구 경기를 보는 것이 일반적이기 때문이다.

이런 취미는 단순한 개인의 취향이 아니다. 그 사람이 속한 계급에 따른 고유한 것으로 평소 생활을 통해 그 사람 안에 축적되어 있다. 생각하는 방식, 세상을 바라보는 견해, 판단하는 방식, 행동하는 방식도 계급마다 다르다. 이러한 취미 기호나 생활 방식을 중심으로 한 문화 관습을 부르디외는 라틴어로 아비투스(habitus)라고 명명했다. 문화의 관습적 체질이란 의미다. 아비투스는 그 계급 집단에서 볼 수 있는 특유한 행동과 지각 양식이 된다.

피에르 부르디외
Pierre Bourdieu, 1930~2002

프랑스의 철학자, 사회학자. 『구별짓기』, 『상징폭력』 등으로 잘 알려져 있으며 사회 이론과 문화 연구에 깊은 영향을 끼쳤다. 그는 일상 속 무의식적인 행동과 취향이 사회적 지위와 계급을 반영한다고 보았다.

> 대표 개념인 '아비투스'는 개인의 사고와 행동을 형성하는 사회화된 성향을 뜻하며, 구조와 행위 사이의 관계를 설명하는 데 중요한 개념으로 자리 잡았다.

상류계급과의 차별을 만드는 아비투스

아비투스는 일상의 문화, 관습과 거기에 속한 사람들을 위계화한다. 간단히 말하면 사람들의 문화적 관습에 대해 품위가 있느니 천박하다느니 하며 평가하고, 사람들을 상류, 중류, 하류로 계층화한다.

아비투스는 어디에서 얻을 수 있을까? 바로 가정환경 혹은 학교에서다. 상류계급에 속한 귀족 자제는 가정환경에서부터 아비투스를 얻는다. 일상생활의 모든 것이 아비투스다. 반면 중류층과 하류층 자녀들은 학교교육에서 얻는다. 학교는 다양한 문화를 가르친다는 의미에서 계급의 차이를 뒤섞는 장이다. 그러나 아무리 학교에서 배운다 해도 귀족 자제들이 어릴 때부터 배운 것과는 양적인 면이나 감성적인 면에서 상대가 되지 않는다. 나중에 배운 것과 자라면서 자연스럽게 체득한 것은 근본부터 다르다.

상류계급에 속한 사람들은 아무런 노력 없이도 압도적인 양과 질의 문화 자본을 자기 안에 축적한다. 그렇게 축적한 자본은 누구에게도 빼앗기지 않는다. 문화 자본은 문화 소양의 총체다. 개인에게 축적된 무형의 자본으로는 지식, 교양, 기능, 취미 기호가 있고 유형의 자본으로는 도구나 책, 그림 등이 있다. 그밖에는 학력, 자격 등이 포함된다. 귀족 자제들은 그러한 문화 자본을 통해 같은 많은 문화 자본을 가진 사람들과 교류하며 더 많은 기회와 연줄을 얻어 경제적으로 누구보다 유리한 위치에 선다. 이것이 중류층과 하류층은 손에 넣을 수 없는, 권력으로 이어지는 자연스러운 길이다. 말하자면 그들은 권력과 연결되는 특권을 태어날 때부터 손에 쥐고 있는 셈이다.

버버리는 왜 로열 브랜드가 되었나?

귀족의 고귀함은 그 취향이나 품위 있는 행동에서 드러난다고 보는데 그 품위 있는 행동이 어째서 품위 있다고 여겨지는지는 사실 아무도 모른다. 귀족의 정통성도 마찬가지다. 어떤 객관적인 기준으로 측정되는 것이 아니다. 피아노가 기타보다 정통적이라는 근거는 어디에도 없다. 다만 귀족들이 무슨 일이든 이런 취향이 귀족적인 취향이고, 이렇게 하는 것이 고귀한 행동이며, 정통적이라고 주장할 뿐이다. 거기에는 자신들의 취미 기호는 다른 취미 기호보다 탁월하다(구별짓기, distinction)는 주장만이 있을 뿐이다. 따라서 고귀함, 귀족다움, 정통성 같은 것은 허구적인 개념일 뿐이다.

하지만 그들은 그러한 허구가 현실의 높은 가치인 양 계속 행동함으로써 온갖 일에 제멋대로 품위나 상하 서열을 매기고 자신들은 그 최상위에 선다. 이러한 조작은 프랑스 귀족뿐만 아니라 영국 왕실과 일본 왕족에게서도 똑같이 볼 수 있다. 영국에는 닥스, 버버리, 존롭과 같이 왕실 인증을 받은 값비싼 로열 워런트라는 브랜드가 있다. 버버리의 레인코트와 아쿠아스큐텀의 레인코트는 옆에서 봤을 때 실루엣만 다르고 그 외에는 매우 흡사하다. 다만 영국 왕실이 버버리를 더 좋아해서 로열 워런트로 인정받은 것뿐이다. 이러한 왕실 기호는 로열 워런트에 선정된 기업이나 영국 경제계는 물론 세계경제에 큰 영향을 미친다. 경제에 영향을 미친다 싶으면 경제계는 자신들의 이득을 위해서라는 동기를 숨기고 왕실의 정통성을 지지한다. 그리고 이것은 귀족의 권위와 권력을 더욱 강화시킨다.

인간성이 아닌 속성으로 차별하는 사람들

부르디외는 귀족 등 상류층 사람들이 그 지위나 권위를 가질 근거가 없다고 폭로했다. 반면에 귀족을 좋아하는 철학자도 있다. 오르테가는 『대중의 봉기』(1929년)에서 다음과 같이 썼다. "고귀한 사람이란 '알려진 사람'이라는 뜻으로 세상에 이름을 날리는 유명한 사람이나 혹은 무명이었지만 대중보다 뛰어나서 자신의 이름을 알리게 된 유명인을 말한다. …… 따라서 고귀한 사람에는 노력하는 사람 또는 탁월한 사람이 해당한다."

오르테가는 귀족이란 노력하지 않고 폭력적이기까지 한 대중과는 전혀 다른 유명인이라는 자신의 공상을 정서적으로 서술했다. 그런 점에서 오르테가에게는 귀족이라는 신분에 대한 동경과 편견이 있었고 그 견해는 차별적이었다. 원래 동경이란 그것이 어떤 종류든 공상적이고 차별적인 것에 지나지 않는다.

부르디외에 따르면 자신들이야말로 정통이라고 주장하는 귀족들은 사물에 서열을 매기거나 가치를 부여함으로써 결과적으로 계속 차별을 한다. 그런데 귀족이 아닌 계층의 사람들도 무의식적으로 같은 행동을 한다. 도쿄의 주민을 예로 들어 보자. 도쿄는 야마노테와 시타마치로 양분된다(이러한 구분은 일찍이 에도시대부터 전해 내려온 것으로, 고쿄(皇居)를 중심으로 동서로 나누어 보통 시타마치(下町)에는 예술가나 상인 등 서민들이 살았고 야마노테(山手)에는 봉건영주와 무사들이 살았다-역주). 거주지 외에도 타인에 대해 출신지, 혈통, 가문, 학교, 직업, 인간관계, 눈에 보이는 자산, 외모 등으로 은밀히 자신과 상하 관계를 설정하고 시시콜콜 차별한다. 하지만 자신이 차별하는 사람이라고 생각하지는 않는다. 그들이 생각하는 차별이란 형사나 민사사건이 될 수 있는 수준의 노골적이고 폭력적인 차별뿐이다. 그리고 그들은 언제나 타인의 고유한 인간성이 아니라 그 타인의 속성을 차별한다는 특징이 있다.

호세 오르테가 이 가세트
José Ortega y Gasset, 1883~1955

스페인의 철학자, 사회 비평가. 『대중의 반역』에서 유럽 문명의 쇠퇴 원인을 분석하며 그 근원이 엘리트 문화의 약화와 무비판적인 대중의 부상에 있다고 보았다. 대중이 역사적 책임 의식 없이 권력의 전면에 나서게 되면, 문명은 피로 누적된 성과를 유지하지 못하고 무너질 수 있다고 경고했다.

차별의 감정은 어디에서 오는가?

그들도 우리와 같은 인간이다.
- 레비스트로스

'상품의 차별화'에서 '차별'이 뜻하는 것

 차별을 하면 차별하는 쪽에 더 높은 가치가 생긴다. 실제로는 높은 가치가 생긴 것처럼 착각을 일으키는 것뿐이지만 말이다. 그렇게 상품이 변한 것처럼 보이게 하는 마술을 옛날부터 잘 알고 이용한 이들이 상인이다. 요컨대 상품 차별화란 수법으로 지금까지 평범했던 상품을 순식간에 잘 팔리는 상품으로 만들어 버린다. 예를 들어 평범한 화과자나 과일 등을 황실에 헌상했다는 이유로 황실 헌상품이라는 가치를 지닌, 질이 한층 높은 물건처럼 선전할 수 있다. 번잡한 길가에서 요란하게 소리치거나 요술을 부리며 싸구려 물건을 파는 잡상인도 같은 일을 한다. 거리에 상품을 진열해 그것이 정말 편리한 물건이며 빨리 사는 사람이 이득을 본다는 식으로 말을 늘어놓는다.

그 수법을 확대한 것이 현대의 TV 홈쇼핑이다. 차별과 강조, 흔들림 없는 주장으로 그 상품에 높은 가치가 있는 것처럼 고객을 현혹한다. 컨설팅이나 마케팅도 본질적으로 이와 다르지 않다. 간단히 말해 속임수다.

차별은 숨은 불안에서 나온다

상품을 차별화하면 잘 팔리는 이유는 차별화된 상품이 유일하게 뛰어난 것이라고 어필할 수 있기 때문이다. 귀족들은 그와 같은 일을 해서 자신들이 정통한 계급임을 가장하고 경제적으로 풍요로워졌다.

어떻게든 상품을 팔려는 차별화와 우리가 평소에 하는 자잘한 차별은 구조적으로 같다. 일상에서의 차별은 이게 나야 하고 내세울 만한 확고한 것이 없다는 불안에서 비롯된, 타인과 자기 자신을 비교하고 그 차이점을 유난히 강조하여 자신의 윤곽을 돋보이고 싶은 심리가 남몰래 작용한다. 즉, 자신을 전적으로 긍정하고 싶다는 강한 욕구가 꿈틀거리고 있는 것이다.

왜 자신을 긍정하고 싶은가 하면 그들의 내면에는 자신

을 부정하고 비난하는 심리가 있기 때문이다. 그런 인간 심리를 교묘하게 꿰뚫어 보는 것이 독자를 위로하려는 의도를 가진 책들이다. 그러한 책은 종종 '지금 그대로의 당신으로도 괜찮다'는 단순한 메시지를 반복하는 패턴이다. 그러면 많은 사람들이 자신이 가진 자기 긍정을 하지 못하는 아픔을 치료받은 것처럼 느낀다. 하지만 그 메시지는 일시적인 미봉책에 불과하다. 왜냐하면 자기 긍정은 자기만이 할 수 있고 그러기 위해서는 반드시 경험과 시간이 필요하기 때문이다.

유럽에서 보면 아시아는 미개하다?!

차별이 얼마나 유서 깊고, 그 차별에 의한 차이가 얼마나 착각에 불과한가에 대해 쓴 유명한 책이 두 권 있다. 바로 사이드(Edward W. Said)의 『오리엔탈리즘』(1978년)과 레비스트로스의 『슬픈 열대』(1955년)다.

『오리엔탈리즘』에 따르면 유럽은 오리엔트를 후진적이고 유아적이며 미개하고 열등한 존재로, 때로는 관능적인 대상으로 바라보았다고 비판한다. 그런 오리엔트에는 그에 걸맞은 정치나 외교로 대해야 한다고 보고 실제로 그렇게 취급했다. 식민지로 만든 것도 그 전형이었다. 정치적으로만 그런 취급을 한 것이 아니라 유럽에서는 르낭(Ernest Renan)의 언어학, 지질학이나 신화학 등 수많은 학문 분야에서도 편견으로 점철된 학문이 생산되었다.

나아가 철학에서조차 아리스토텔레스, 헤겔, 베버, 마르크스, 후설, 사르트르 등은 유럽 문화가 다른 지역보다 탁월하다고 여겼다. 예를 들어 아리스토텔레스는 '아시아인은 유럽인보다 예속적이라서 아무런 고통 없이 전제적 지배를 견딘다'라고 『정치학』(기원전 4세기)에 썼고 사르트르의 『변증법적 이성 비판』(1960년)에 이르면 미개사회 사람들에게는 타성에 따를 뿐인 나태한 이성밖에 없다고 썼을 정도다.

유럽이 보기에 동쪽은 이질적이고 열등하다는 이러한 편견이 곧바로 정과 부, 선과 악이라는 이항 대립 구도로 보는 움직임으로 확산되었고, 거기에서 자민족중심주의나 제국주의가 생겨났다. 이러한 것은 자신들이 하는 차별을 정당화하는 큰 요소 중 하나다.

레비스트로스는 20세기 중반의 브라질 원주민을 현장 연구하고 그 내용을 『슬픈 열대』에 썼는데 제7부 마지막을 이렇게 매듭지었다. "나는 이제 그곳에서 인간밖에 발견하지 못했다." 즉, 레비스트로스는 야만적이고 미개하다고 여겼던 브라질 원주민에게도 유럽과 질적으로 다르지 않은, 치밀하고 질서 정연한 사고 문화가 있고 그에 따라 그들이 살아간다는 것을 발견한 것이다. 이는 지금까지 했던 차별이나 편견에서 벗어나 그들도 자기들과 같은 인간이라는 근거가 되는 발견이었다.

그러나 그로부터 반세기 이상 지난 현실 사회는 어떤가? 현대에 이르러서도 유럽 제국은 여전히 다른 문화를 가진 나라들을 선진국, 후진국, 발전도상국, 개발도상국 등으로 차별해서 부른다. 우열을 정해 순위를 매기고 항상 자신들을 최상위에 둔다.

 클로드 레비스트로스
Claude Lévi-Strauss, 1908~2009

20세기 구조주의 인류학의 창시자 중 한 명이다. 파리 대학에서 철학과 인류학을 공부한 뒤 철학 교수로 재직했다. 1935년 상파울루 대학교의 초청을 받아 브라질로 건너간 그는 아마존 원주민 사회를 접하면서 문화인류학에 본격적인 관심을 갖게 되었다. 인간 사고의 보편적 원리를 탐구하는 데 집중했다. 그의 대표 저서로는 『슬픈 열대』, 『친족의 기본구조』, 『야생의 사고』 등이 있다.

종교를 믿으면 평화가 올까?

신의 세계도 차별이 만연하다.
-『신약성경』,『코란』,『기독교 강요』

종교도 차별화를 이용해 신자를 늘린다

배후에 탐욕이 있는 것은 정치뿐만 아니라 세계적인 종교도 마찬가지다. 차별화를 통해 자신의 종교를 정당화해 왔다. 서기 30년경 나사렛에서 태어난 예수라는 남자가 있었다. 예수는 정치범으로 십자가에 못 박혀 죽었는데 그것을 보고 혹시 예수가 유대인들의 구세주가 아니었을까 생각한 사람들이 있었다. 이후 예수가 생전에 설파한 가르침이 퍼지며 기독교가 되었고 서기 380년에 당시 로마제국의 국교가 되었다. 그리스어로 그리스도는 구세주(메시아)란 뜻이다.

기독교의 모체는 유대교라고 한다. 예수도 예수의 제자라 불리는 사람들도 당시 유대교 신자였기 때문이다. 기독교를 유대교에서 나온 신흥종교로 보는 사람도 있다. 기독교에서는 유대교 『성경』에 여러 번 언급된 구세주가 예수였다고 강하게 주장한다. 이것이 유대교와의 차별화다.

이런 이유로 기독교에서는 유대교 『성경』을 『구약성경』이라 하고 예수의 언행을 전해 듣고 정리한 자신들의 문서를 『신약성경』이라고 한다. 여기서 '약(約)'은 하느님과의 약속을 의미한다. 따라서 하느님과 한 새로운 계약은 아직도 유효하며 그런 의미에서 자신들이야말로 『성경』의 흐름을 이어받은 정통이라고 주장했다.

유대교는 반대로 예수를 구세주가 아니라 예언자 중 한 사람으로 본다. 예언자란 신의 말을 사람들에게 전하는 역할을 맡은 사람으로 『성경』에는 여호와, 사무엘, 이사야, 예레미야, 호세아, 요나 등 많은 예언자의 말이 기록되어 있다. 이탈리아의 유명한 아동문학 『피노키오의 모험』(1883년)에는 피노키오가 고래에게 먹히는 부분이 나오는데 이 장면은 『요나서』에서 힌트를 얻은 것이다.

믿는 사람이 많아진 뜻밖의 이유

복종이라는 의미가 있는 이슬람교는 서기 7세기 아라비아반도에서 탄생한 종교다. 이슬람교의 성전은 『코란』(읽어야 하는 것이란 의미)이다. 『코란』은 사막을 횡단하며 짐을 나르는 대규모 무역상이었던 무함마드가 마흔 살 때 천사 지브릴과 만나서 신에게 계시받은 말을 무함마드의 측근이 기록한 것이다.

무함마드가 직접 성전을 쓰지 않은 이유는 글을 읽고 쓰지 못했기 때문이라고 한다. 이 점이 신자를 늘리는 큰 원인이 되었다. 무식한 무함마드가 그토록 아름다운 음운을 가진 문장을 자신의 힘으로 지어냈을 리가 없다, 그러니 정말 신이 내린 말이다라는 이유에서다.

『코란』에는 예수와 예수의 어머니 마리아에 대해서도 쓰여 있고 유대교 『성경』에 나오는 족장 모세에 대해서도 쓰여 있다. 왜냐하면 슬쩍 비밀을 털어놓듯이 '예수도 마리아도 모세도 실은 이슬람교도였다'라고 주장하기 위해서다. 심지어 곳곳에서 유대교도 기독교도 틀렸다고 말한다. 종교에 대한 편견을 이용하여 이슬람교를 차별화한 것이다. 그리고 무함마드를 '최후의 예언자'라고 칭했는데, 이는 자신들을 정당화하는 행동이었다.

'예정설'에 의한 차별화

기독교에서 갈라져 나온 중세의 신흥종교는 칼뱅의 가르침을 정리한 『기독교 강요』(1536년)라고 할 수 있다. 이 책의 부제는 '경건함에 관한 거의 완전한 요약과 구원의 교리에 있어서 알아야 할 모든 것'이다. 칼뱅의 가르침은 앞서 나온 가톨릭이나 개신교의 루터파를 철저하게 부정, 공격한다. 그리고 자신의 가르침이야말로 기독교라고 주장했다. 주된 가르침은 예정설이다.

예정설에 의하면 현재 일어나는 모든 일은 신에 의해 예정되어 있다. 누가 구원받을 것인가, 누가 번영하고 누가 재해를 당할 것인가도 이미 결정되어 있다고 한다. 개인의 노력은 전혀 관계가 없다. 어쨌든 신의 예정이야말로 섭리라는 것이다. 칼뱅의 그러한 가르침은 더 이상 기독교라고 할 수 없을 정도였다. 칼뱅은 자신의 가르침이야말로 진실이라 주장하면서 사람들이 이 가르침 이외에 다른 가르침을 생각하는 것까지 금지했다. 자유롭게 생각하는 사람을 발견하면 화형에 처할 정도였다.

스위스 제네바에서 성장한 칼뱅의 가르침은 개혁파 교회, 장로파 교회가 이어받아 북아일랜드 등지로 퍼졌다. 영국의 청교도도 칼뱅의 영향을 받았고 이들 중 일부가 1620년 메이플라워호를 타고 미국으로 이주했다. 따라서 미국에서 큰 힘을 가진 복음주의 교회도 칼뱅의 사상을 이어받았다고 할 수 있다.

Chapter 3

복잡한 인간관계 어떻게 마주할 것인가

**자신으로 사는 것과
사회적 활동과의 균형을 잡는 방법**

자기답게라는 말은 무슨 뜻일까?

근대인은 소외되었다.
- 파펜하임

포도원 노동자들은 소외되었다

책의 앞부분에서 소개한, 아침부터 일한 포도원 노동자들에 대해 말하자면 그들 역시 소외된 사람들이다. 그들은 무엇에서 소외되었을까? 노동으로부터의 소외다. 그렇다면 노동으로부터 소외된다는 것은 어떤 의미일까? 단지 돈을 벌기 위해 일하는 것이라면 그 사람은 노동에서 소외된 것이다. 그런 의미에서 현대의 많은 사람들은 노동에서 소외되었다. 왜 이를 노동으로부터 소외되었다고 말하는 것일까? 목적이 설정되면 돈을 벌기 위한 일을 하게 되므로 많은 것이 단순한 도구가 된다. 노동 소외란 자신이 도구가 되는 것을 고통으로 여기고 도구가 되는 것에 내심 굴욕을 느끼는 것을 말한다.

일한다는 것은 단순한 노역이 아니다. 노역인 부분도 있지만 일의 중심에는 본인이 직접 무엇인가를 한다는 즐거움이 있다. 그 즐거움이 자신을 살린다. 일하면서 자신을 살릴 수 있으니 기쁨이 생기는 것이다. 많은 사람이 중세 유럽의 엄격한 봉건사회 속에서 일하는 장인, 노동자는 자신의 일에서 그런 즐거움을 발견하지 못했을 것이라고 상상하는 것 같다. 그러나 파펜하임은 『현대인의 소외』(1959년)에서 '중세 도시의 장인들은 충돌과 긴장 속에 살고 있었음에도 불구하고 전체적으로 자신의 일을 자신의 생활과 관계있는 것으로 느꼈다. 그리고 일은 그들에게 단순히 생계 수단 이상의 의미를 지녔다'라고 썼다. 즉, 자기가 하는 일 속에서 그 일이 자기에게 어떤 의미가 있다고 느낀다면 일에서 완전히 소외되었다고 할 수는 없다.

프리츠 파펜하임
Fritz Pappenheim, 1902~1964

독일에서 태어난 사회학자이자 비판적 지식인. 프랑크푸르트 학파와 유사한 문제의식 아래 인간 소외와 현대 사회의 구조적 병리를 분석했다. 나치 정권을 피해 미국으로 이주한 뒤, 사회 비판적 연구를 이어 갔다. 대표 저작인 『인간 소외의 이론』이 있다.

취업 준비 레이스에 지쳤다

아침부터 일한 포도원 노동자들은 자신들이 일찍부터 일했는데도 해가 지기 전 한 시간 정도만 일한 사람들과 같은 보수를 받는 것이 불공평하다고 말했다. 이 주장은 그들이 자신들의 노동력을 포도원 주인에게 팔았다는 생각에서 비롯된 것이다. 그렇지 않으면 시간과 임금이 연결된 사고를 하지 않는다. 그들이 아침부터 포도원에 있었던 것은 맞지만 꼭 부지런하게 일한 것인지는 알 수 없다. 자신이 하는 일에서 독자적인 의미나 기쁨을 찾을 수 있는 사람들이 아니었기 때문이다.

그런 사람은 현대사회에도 많다. 특히 대학생 대부분은 이른바 '취준'이라고 하는 경주 같은 취업 활동에 참여하여 자신의 노동력을 시장에 내놓는다. 즉, 이미 스스로가 자신을 일하는 것에서 소외시키고 있다. 그들이 취직하자마자 이직하거나 우울증에 걸리고 고민이 끊이지 않는 것은 당연하다.

애초에 노동력이라는 개념 자체가 인간 소외다. 한 인간에게서 노동력은 뽑아낼 수 있는 것이 아니며 어떤 인간도 그저 인간일 뿐이다. 그런데도 경영자 측은 인간을 기업의

한 기능으로밖에 보지 않는다. 물론 그 경영자들도 자신을 포함해 많은 것을 소외시킨다. 왜 이런 상태가 되었는가를 살펴보면 돈을 최고로 여기는 삶을 살기 때문이다. 그렇다면 자본주의가 아닌 사회주의나 공산주의를 선택하면 돈을 최상으로 여기지 않을까? 그렇지 않다. 이번에는 신분, 위계, 소속, 의상 등 온갖 속성에 순서를 매겨서 서로를 소외시킬 것이다.

그렇다면 정치나 경제 형태의 문제가 아니다. 우리 자신이 지금 어떻게 살고 있는가가 문제다. 돈이 넉넉하면 복지시설을 많이 만들 수 있지만 건물이 있다고 해서 복지가 충분히 실현되는 것은 아니다. 거기서 일하는 직원들의 일하는 방식이 복지를 만들어 내는 것이지 설비가 복지를 만들지 못하는 것과 마찬가지다.

그렇다면 소외는 시스템이 낳는 것일까? 각자의 기분이나 생각이 직접적인 소외를 낳는 것은 아닐까? 따라서 우리의 감정과 생각에 침투하여 조용히 조종하는 무엇인가에 주의를 기울여야 한다. 그것은 종교나 사상일 수도 있지만 주위 사람들과 일치하는 가치관, 윤리관, 인간관인 경우도 적지 않다.

정치도 아니고 시스템도 아니고
내가 문제다

칼뱅은 신자가 신에게 구원받을지 아닌지는 그 사람이 일에서 성공할지 안 할지의 여부에 달려 있다고 말했다. 일한 결과가 구원의 증거가 된다. 장사를 해서 성공하면 신으로부터 구원받았다는 증거이고 실패하면 구원받지 못했다는 증거가 된다. 즉, 칼뱅은 경제적인 면에서 일한 결과를 신자 구원의 척도로 삼았다. 당연히 신자들은 성공해야 한다, 태만해서는 안 된다는 강박적인 마음으로 일해야 했다. 이것은 노동을 수단화하는 것이며 이에 따라 노동이 소외되고 동시에 사회가 분단되는 심리를 낳았다.

한편 칼뱅보다 일찍 프로테스탄트 운동(1517년)을 일으킨 독일의 루터는 『신약성경』의 〈고린도전서〉 한 구절을 독자적으로 해석하여 직업 소명설이라는 개념을 내세웠다. 여기서 소명은 독일어로 Beruf 라고 하며 신에게 부름을 받는다 또는 신에게 초대받는다는 의미다. 이것이 개신교 신자가 늘어난 독일에서 직업이라는 일반적인 단어가 되어 지금도 사용된다.

즉, 루터는 신의 예정 때문에 구원받아야 할 사람은 반드시 자신의 직업이 신에게 부름을 받은 천직이라고 확신해야 하며 그 직업으로 성공하고 부자가 되어야 한다고 주장했다. 이러한 사고방식은 교육을 통해서도 확산되어 경영자뿐만 아니라 고용되어 일하는 사람들에게도 강박적으로 작용했다. 또 루터는 사람들이 자유의지를 가지고 있지 않다고 주장했다. 이 모든 것이 하나님의 뜻이라는 것이다. 루터는 『노예의지론 De servo arbitrio』(1525년)에 다음과 같이 썼다. "하나님은 우연히 있을 것을 예견한 것이 아니라 그의 불변하고 영원하며 틀리지 않는 의지로 모든 것을 예견하고 약속하고 이루었다."

독일의 사회학자 막스 베버는 이 점에 주목해 『프로테스탄트 윤리와 자본주의 정신』(1905년)에서 '종교에서 비롯된 이러한 사람들의 내인이 노동 의욕과 합리성을 기를 수 있어, 결과적으로 개신교를 믿는 여러 나라에서 자본주의 경제가 발달했다'라고 고찰했다. 그러나 루터가 퍼뜨린 그러한 사상도 결국 노동을 소외시키고, 노동을 구원받았다는 것을 증명하는 목적으로 만든 수단이라고 할 수 있다. 종교 지도자들이 어떤 사안을 결정하면 그것은 반드시 새로운 소외를 낳는다.

막스 베버
Max Weber, 1864~1920

독일의 사회학자이자 정치학자로 제2세대 사회학자로 불린다. 본 대학, 하이델베르크 대학, 빈 대학, 뮌헨 대학 등에서 연구했다. 현대 사회학의 기초를 마련하는 데 크게 기여했다. 『프로테스탄트의 윤리와 자본주의 정신』으로 유명하다.

열심히 했지만
아무 보상도
받지 못했는가?

'○○로 즐긴다'와
'○○를 즐긴다'에는 큰 차이가 있다.
- 지멜

꿈과 목표는 목적 달성을 위한 수단일 뿐

 칼뱅주의 신자들은 칼뱅의 가르침을 들었을 때 흥분하여 분연히 일어났을 것이다. 루터교 신자들은 루터의 가르침을 들었을 때 자신이 신의 부름을 받았다고 생각하고 감동했을 것이다. 하지만 그 후에는 의심에 사로잡힌다. 그리고 두 종교의 신자는 모두 계속 불안에 시달린다.

 인간이 명확한 목적, 목표, 꿈 등을 가지고 거기에 집착하는 한 그가 하는 일은 대부분 목적 달성을 위한 수단이 되기 쉽다. 다시 말해 그 사람이 하는 일은 무언가를 위한 수단일 뿐이며 그것이야말로 그 사람의 행동을 소외시키는 행동이다. 수단은 도구에 불과하기 때문이다. 거기에는 다른 도구도 많이 있다는 전제가 깔려 있다. 그래서 어떤 사정으로 목적이 멀어지면 '열심히 노력했는데'라는 푸념이 따라온다.

중요한 것은 언제나 결과뿐이고 그 결과에서 거슬러 올라가 모든 것이 일괄적으로 판단된다.

　인간관계에서도 같은 일이 일어난다. 누군가를 위해 좋은 일을 하려고 노력했는데 그것이 적절한 평가를 받지 못하면 자신이 한 행위가 효과가 없구나 싶어 한숨만 쉰다. 회사 실적이나 제도 등을 위해 유능한 인재가 되려고 노력했을 때도 마찬가지다. '○○를 위해'라는 행위는 전부 소외를 낳는다. 요컨대 사람은 목적을 향해 가고 있다고 생각하지만 실은 그 목적이 요구하는 조건에 자신을 억지로 끼워 맞추는 것뿐이다. 그래서 피곤하다. 이러한 피로에서 벗어나기 위해서는 자신을 목적을 위한 수단으로 삼지 말아야 한다. 아니면 처음부터 목적에 가치가 있다고 인정하지 않거나 명확한 목적을 설정하지 않는다.

　그런데 현대 자본주의 세계의 독특한 이익 지상주의 가치관과 그에 따른 표현, 윤리관, 성과 중심주의 사고, 사기적 요소를 포함한 마케팅 수법 등에서 생긴 말이나 사고방식이 우리를 편안하게 두지 않고 본연의 모습으로 살기 어렵게 만든다. 설상가상으로 업무에 쫓겨 자신의 삶조차 소외당한 대부분은 어떤 사고방식, 언어, 가치관, 윤리관이 제대로 된 것인지 분간하지 못한다.

즐거움에서 소외되는 사람들

현대를 사는 사람은 즐기는 것에서도 소외되는 경우가 많다. 즐기는 것에는 두 종류가 있다. 어릴 때는 누구나 오로지 즐기는 것밖에 모른다. 나이가 들수록 다른 즐거움을 알게 되고 쉽게 그것에 빠지며, 어린 시절의 즐거움으로부터 자신을 소외시킨다. 이에 대해 지멜은 『나날의 단상 Fragmente und Aufsäze aus dem Nachlass』(1923년)에서 다음과 같은 글을 썼다. "'○○로 즐긴다'와 '○○를 즐긴다'에는 큰 차이가 있다. 공을 던져서 놀 때는 공으로 즐기고, 바이올린을 연주할 때는 바이올린을 즐긴다. 이 바이올린을 즐기는 것이 공으로 즐기는 것보다 즐거움이 훨씬 크다." 왜 바이올린 연주가 공 던지기보다 더 즐거운가 하면 자신의 개성이 소리와 곡조로 나타나기 때문이다. 물론 공 던지기도 자신의 반사 신경과 운동 기능이 나타나서 즐길 수 있다. 하지만 그 놀이에서 자신만의 개성이 나올 여지는 바이올린을 연주할 때보다 적다고 할 수 있다. 그런 의미에서 공 던지기가 자신을 소외시키는 비율이 더 높다.

아이들은 대부분 어른보다 몸으로 즐기는 법을 잘 안다. 어떤 아이라도 자신의 개성이 드러나는 놀이를 하기 때문이다. 전문 육상 선수처럼 달려야 한다는 생각으로 뛰어다니는 것이 아니다. 원하는 대로 달리고 자신이 원하는 대로 모래언덕을 만든다. 일상에 있는 물건을 장난감 삼아 놓고 이렇게 저렇게 다양하게 움직이며 자신의 능력을 즐긴다. 아이들은 자신의 몸을 컨트롤하는 것만으로도 즐겁다. 장애라는 외부에서 온 개념을 모르기 때문에 신체 기능에 불편함이 있어도 그것이 본인에게는 별다른 장애가 아니다. 그것은 동물도 마찬가지다.

 게오르크 지멜
Georg Simmel, 1858~1918

독일 출신의 철학자, 사회학자. 독일계 유대인으로 신칸트학파의 영향을 받아 상대주의적 철학으로 '생의 철학'을 제창했다. 문학·예술 및 문화 일반에 걸쳐 박학했으며 독일에서의 사회학을 사회과학으로 확립하는 데 공헌했다.

돈이 많이 드는 가짜 즐거움

한편 성장하는 도중에 알게 되는 '향락'이라는 즐거움은 진정으로 즐기는 것에서 인간을 확실하게 소외시킨다. 쾌락이란 연회, 윤리가 없는 파티, 평소에 억누르던 욕망을 해방할 수 있는 장소에서 먹고 마시고 노는 것을 말한다. 그것은 모두 수동적이며 한정된 시간을 비싼 값으로 사는 것뿐이다. 그래서 즐거움을 누린다는 말이 수동적이라고 하는 것이다. 디즈니랜드 같은 테마파크에서 노는 것도 천진난만한 것이 아니라 향락의 하나일 뿐이다. 화려하게 장식된 그 자리에서 사람들은 교묘하게 연출된 즐거움을 얻는다. 그러나 진정한 즐거움과는 거리가 멀다. 격렬하게 흔들리고 몸이 급격하게 이동하는 등 거짓 공포와 위험을 맛보며 억지 자극을 받을 뿐이다.

 진짜 즐거움이 아니라 즐겁다는 착각에 빠지는 것이다. 거기에는 자신이 관여함으로써 처음으로 생기는 즐거움, 자신의 능력을 발휘하는 쾌감이 완전히 빠져 있다. 그러나 많은 사람들이 그 점을 깨닫지 못한다. 즐거움의 착각이라는 점에서는 모든 것이 허구와 비현실에 지나지 않는 비디오 게임도 마찬가지다. 결국 자기가 소외된 일을 간신히 끝내고 집으로 돌아온 조용한 시간에 더욱 자기소외를 하는 셈이다. 연쇄적인 자기소외가 일어나는 나날이 계속되는 것이다.

자신을 위해 다른 사람을 이용하고 있지는 않은가?

지멜은 『나날의 단상』에 다음 내용도 남겼다. "사람도 마찬가지로 우리가 '○○로 즐기는' 인간은 우리의 고유한 것이나 최선의 것을 보여줄 적절한 기회를 주지 않는다." 사실 '우리가 ○○로 즐기는 인간은'의 의미를 이해하기가 어렵다. 이것은 우리와 다른 사람들과의 관계를 보여준다. 예를 들어 어떤 사람이 예전에 우리의 흥을 돋워 주었던 것을 기억하고 그 사람을 흥을 돋우는 사람으로 부른다면 그 사람은 기대한 대로 분위기는 띄워 줄 것이다. 하지만 이는 단지 그 사람의 일부만 이용했을 뿐이다. 만약 그를 그 사람 자체로 불러 이야기를 나누었다면 어땠을까? 새로운 인간관계가 탄생할 가능성이 생긴다. 그것이 '우리의 고유한 것이나 최선의 것을 보여줄 적절한 기회'가 되기 때문이다.

우리는 타인의 속성 중 극히 일부를 자신을 위해 이용하고 있는 것은 아닐까? 파트너, 친구, 지인, 동료에게까지도 그렇게 하는 것은 아닐까? 이는 서로 인간적으로 맺은 관계가 아니다. 속성이나 특성을 이용하고 싶어 하는 관계, 서로 소외된 관계다.

그것이 가장 도드라지게 나타나는 곳이 바로 경제활동이 중심인 사회다. 그 증거로 시장의 범위 안에서 생활하는 사람을 소비자라고 부른다. 이 용어는 너무 모멸적이어서 기업 내 관계자들끼리 회의를 할 때나 사용해야 하는 수준이 아닌가? 심지어 정치인과 공무원은 시민을 납세자라고 부른다. 이 얼마나 뻔뻔한 일인가! 이것은 시민을 소외시키는 행위이며 납세자란 용어는 차별하려는 의도를 숨긴 은밀한 차별 용어다.

자기 자신이 되는 것을 방해하는 사회

사회학자 퇴니에스는 산업혁명 이후 사람들이 분열된 태도로 살아야 한다고 『공동사회와 이익사회 *Gemeinschaft und Gesellschaft*』(1887년)에서 지적한다. 한 사람이 어떤 때는 게마인샤프트(Gemeinschaft)에서 살고, 어떤 때는 게젤샤프트(Gesellschaft)에서 산다는 것이다. 독일어 원문을 번역하면 게마인샤프트는 공동사회, 게젤샤프는 이익사회라고 하는데 이것을 현대식으로 번역하면 지역사회와 일반 사회라고 할 수 있다. 즉, 인간은 혈연이나 지연으로 연결된 지역사회에서 사는 동시에 수입을 얻기 위해 일반적인 경제사회에서도 다른 사람과 연결되어 산다고 퇴니에스는 말한다.

  오늘날 우리는 퇴니에스의 지적에 새삼 놀라거나 무슨 당연한 소리냐며 외치지 않는다. 하지만 여기서 퇴니에스는 인간이 이런 두 사회에 살고 있어서 진정한 자신을 소외하고 있는 것이 아니냐고 말하는 것이다. 항상 자신의 인격 하나로 사는 것이 아니라 일반 사회에 있을 때는 그에 맞춰 연출된 인격을 밖으로 드러내고 다닌다는 뜻이다. 경제활동을 하기 위해서기도 하지만 진정한 자신을 소외하고 있기 때문이기도 하다. 대부분의 사람들은 수입을 얻으려고 자신을 도구나 수단으로 삼고 있다. 그리고 자신을 소외시킬수록 수입이 많아진다는 것도 안다. 그러나 인간으로 태어나서 꼭 그렇게 살아야 할까? 다른 삶의 방식은 없는 것일까? 모두가 자문한다. 어쩌면 우리를 따라다니는 부정형의 고통은 그런 실감과 불안에서 나오는 것이 아닐까?

  자본주의 사회에 살고 있는 한, 그것은 어쩔 수 없는 것인가? 아니면 혁명가처럼 자본주의 사회를 파괴하려고 하는 것이 마땅할까? 경제 구조를 바꾸는 운동을 시작하는 것이 더 나을 수도 있지만 둘 다 쉬운 일이 아니다. 그러나 마르크스는 혁명을 선택했다.

페르디난트 퇴니에스
Ferdinand Tönnies, 1855~1936

독일의 사회학자로, 인간 사회를 구성하는 기본 원리를 인간 의지의 유형에서 찾았다. 그는 인간 의지를 자연적인 본질 의지와 의도적·인위적인 선택 의지로 구분하고 이에 대응하는 사회 형태로 게마인샤프트와 게젤샤프트를 제시했다.

게마인샤프트는 가족이나 농촌 공동체처럼 정서적 유대와 전통에 기반한 사회를 뜻하고 게젤샤프트는 도시나 시장처럼 이해관계와 계약을 중심으로 한 사회를 가리킨다. 퇴니에스는 이 두 개념을 통해 근대화로 인한 사회 변화와 인간 관계의 전환을 이론적으로 설명하려 했다. 그의 사상은 이후 사회학의 주요 이론틀로 자리 잡았으며 현대 사회 분석에도 여전히 중요한 토대를 제공하고 있다.

자신을
해방한다는 것은
무슨 뜻인가?

노동자는 자기실현에서
소외되어 있다.
- 마르크스

자본주의 노동자로부터의 탈출

퇴니에스와 거의 동시대 사람이었던 마르크스는 종교에 의한 자기소외도 있다는 것을 알았다. 젊었을 때 썼던 글을 편집한 『경제학-철학 수고』(1844년)에는 '인간이 많은 것을 신에게 맡길수록 인간이 스스로 맡아서 할 수 있는 일이 적어진다'라는 문장이 있다.

그러나 종교의 소외보다 훨씬 더 큰 사회적 문제는 노동에 의한 소외였다. 자본주의 경제사회에서 노동자는 생산을 하면 할수록 더욱 소외된다고 마르크스는 생각했다. 마르크스에 따르면 생산적 노동이야말로 인간이 자기 자신을 인간으로서 실현하는 행위다. 마르크스는 이것을 인간의 자기실현이라고 불렀다. 그러나 자본주의 사회 시스템에서 생산된 상품은 노동을 하는 사람의 것이 아니라 자본가의 사유재산이다. 마르크스는 그것을 이기적이며 배타적이라고 보았고 그래서 노동자는 자기실현에서 소외되었다고 주장했다. 따라서 자본가가 사유재산을 가지는 것을 금지하고 공공재산으로 만들어야 하며 인간을 해방하는 사회를 만드는 공산주의가 필요하다고 강조했다.

젊은 마르크스는 공산주의 사회를 목표로 하지 않았다

마르크스는 『공산당 선언』(1848년)에서 이렇게 호소했다. "공산주의자는 자신의 견해나 의도를 비밀로 하는 것을 경멸한다. 공산주의자는 지금까지의 모든 사회질서를 강력하게 전복해야만 자기 목적이 달성될 수 있음을 공공연하게 선언한다. 지배계급이여, 공산주의 혁명을 두려워하라. 프롤레타리아는 혁명에서 쇠사슬 외에는 잃을 것이 없다. 그들이 얻고자 하는 것은 세상이다. 만국의 프롤레타리아여 단결하라!"

그 후 실제로 공산주의 사회가 탄생한 지역도 있다. 그러나 견고하게 관리된 국가 체제에 밀려들어 간 그 사람들은 자본주의 사회보다 각자 자기실현을 이루는 활기와 약동을 더 많이 인정받았을까? 공산주의 체제하에서 새로운 인간 소외가 일어났을 뿐이라고 말할 수도 있지 않을까?

젊은 시절 마르크스는 공산주의 사회를 최종 형태의 사회라고 생각하지 않았다. 그에 관해 『경제학-철학 수고』에 다음과 같이 쓰여 있다.

"공산주의는 사회가 다음 역사적 발전을 하기 위해 반드시 필요한 인간 해방과 인간성 회복의 현실적인 요소다. 그러므로 공산주의는 다가올 미래의 필연적인 사회형태지만 공산주의 사회 자체가 목표는 아니다."

10

나와 너,
우리의 거리는
어떻게 설정해야 할까?

나 그 자체는 존재하지 않는다.

- 부버

세상을 둘로 쪼갠 것은 자신이다

이스라엘 철학자 부버는 퇴니에스나 마르크스보다 인간의 자기소외에 대해 훨씬 깊이 고찰하여 우리의 태도에 따라 세계가 둘로 갈라진다고 『나와 너』(1923년)에서 밝혔다. "세계는 인간의 이중적 태도에 따라 인간에게 이중적이다." 다음 글도 인상적이다. "나 그 자체는 존재하지 않는다. 존재하는 것은 오직 근원어인 '나-너'에 있어서의 나와, 근원어인 '나-그것'에 있어서의 나뿐이다." 이 두 문장이 『나와 너』의 중요한 골자고 이어지는 다른 문장은 그 설명과 예시라고 해도 과언이 아니다.

부버가 말하는 근원어란 자신과 타인과의 현재 상황을 성립시키는 힘을 가진 말이다. 나-너나 나-그것은 근원어인 동시에 자신의 태도를 가리킨다. 나-그것의 관계란 평소 우리 일상에서의 타인과의 관계 혹은 사물과의 관계다. 또한 나와 내가 처리해야 하는 결재 서류와의 관계도 나-그것의 관계다. 이 관계가 없으면 평소대로 살아갈 수 없다. 매일 매시 매분 매초가 대부분 나-그것과 관계되어 있다. 다만 이런 관계만 있으면 일상이 메마르고 혼란스러운 상태가 된다.

나-너의 관계는 자신과 상대가 친밀한 상황에 있다는 것을 가리킨다. 여기서 친밀함이란 일반적으로 형용하는 친밀함을 넘어선 관계를 말한다. 그 경우에는 완전히 마음을 열었다고 할 수 있으며 상대가 자기 자신인 것처럼 신뢰하고 정감을 불러일으킨다. 이는 완전한 성실, 완전한 해방이자 나아가 기묘한 대화 같기도 하고 시공간을 넘어 서로에게 녹아든 상태이기도 하다. 그러한 관계는 친한 사람과도 생기고 풍경이나 동물과도 생긴다.

나-너의 관계에서는 무엇인가를 대상으로 삼는 일이 없다. 지각, 감각, 상상, 욕구가 없고 어떤 것을 감정의 대상으로 삼거나 사고하고 경험하는 일도 없다. 다시 말해 주관과 객관이라는 대립 구조가 없다. 만약 그런 것이 있다면 그때는 나-그것과의 관계가 된다. 나-너의 관계는 요컨대 사랑의 관계지만 이 사랑이 감정이나 성욕에 기인하거나 외양의 아름다움 등을 원하는 심리적 소유욕이라면 나-그것과의 관계가 될 뿐이다.

결혼 생활을 오래 한 사람 중에도 나-그것과의 관계에 지나지 않은 이들이 수두룩하다. 그것은 결혼의 실패도, 궁합이나 운명의 문제도 아니다. 단지 태도의 문제일 뿐이다. 나-너의 관계를 다른 말로 진지한 관계라고 할 수 있을까? 그것을 바로 이해하고 나-너의 관계가 되는 사람도 있고, 되지 못하는 사람도 있다. 그렇지 못한 사람은 그렇게 되고 싶지 않은 것이 아니라 그렇게 되기 위한 방법을 찾고 싶은 사람이다.

 마르틴 부버
Martin Buber, 1878~1965

오스트리아 출신의 유대계 종교철학자이자 사회학자로 독일에서 추방당한 뒤 예루살렘으로 이주하여 히브리 대학교에서 교편을 잡았다. '나와 너'의 관계를 기조로 한 인격주의적 철학은 실존주의와 함께 제1차 세계대전 이후의 유럽, 미국의 기독교 신학과 철학, 정신의학계에까지 큰 영향을 끼쳤다.

사회라는 관계망 속에서 사는 고통

현대 국가와 경제기구는 사람과 세상을 나-그것과의 관계로만 본다. 아니, 국가나 경제사회는 애초에 나-그것과의 관계로 모든 것에 순서와 가치를 매긴다. 그래서 그들이 보기에 시민은 번호만 고유하다는 차이밖에 없는 존재이며 소비와 납세 기계에 불과하다.

국가와 경제의 지배하에 있는 인간은 모두 수치화되고 그 수치에 따라 평가와 판단이 이루어진다. 이 전형이 공무원 시험이다. 공무원 시험은 나-그것과의 관계 내에서만 통용되는 냉철한 처리 지능만을 측정한다. 시민을 돕기 위해 가장 중요해야 할 성실함 같은 것을 기대하지 않아서 인간미가 있는 행정 기능은 처음부터 가지고 있지 않다.

그들의 눈에 인간은 조금도 신비로운 존재가 아니며 삶과 죽음도 전혀 이상한 것이 아니다. 삶과 죽음은 수치의 변화나 유무에 불과하다. 시민이 죽으면 점심으로 무엇을 먹을지 생각하면서 서류상에 있는 이름 위에 선을 그을 뿐이다. 계산적이기로는 둘째가라면 서러운 그들이 사랑이라는 말을 입에 담는 경우는 아첨할 때뿐이고, 그때의 사랑이란 말도 손익이나 성욕의 다른 말로 사용될 뿐이다.

경제사회도 마찬가지다. 세상도 인간도 나-그것의 관계로만 본다. 더구나 장사 방식의 본질에 대해 이미 말했듯이 경제사회는 심리적 차별과 소외로 이익을 얻는 시스템으로 되어 있다. 거기에는 처음부터 윤리가 없었다.

얼렁뚱땅 놀기만 하는 나날을 보내고 있지는 않은가?

나-그것의 관계를 전부로 아는 사회를 사는 사람들은 거래, 교섭, 눈가림, 오해를 불러일으키는 것이 중심인 일상 업무상의 관계에서만이 아니라 사적인 인간관계에서도 나-그것의 관계밖에 맺지 못한다. 무엇인가를 생각하려고 할 때도 나-그것과의 관계라는 사고 틀에서 벗어나지 못한다. 그래서 누구와도 진정한 의미에서 친밀해지지 못한다. 마치 친밀한 것처럼 무엇인가와 야합하거나 상처를 보듬는 것밖에 할 줄 모른다. 그러한 관계는 매우 깨지기 쉽다.

또 그것만으로는 충분하지 않은지 자신을 위로하기 위해 포식, 음주, 미용, 여행, 연애, 섹스, 웨이트 트레이닝, 거부나 은둔 같은 도피를 한다. 이를 위한 상품이나 상업 시설이 많다는 것은 수요가 많다는 것을 의미한다. 그러나 그런 위안은 이미 설명한 향락과 같은 수준의 일시적인 눈속임에 지나지 않는다. 그렇게까지 피곤해하고 피로감을 느끼는 이유는 진정한 의미에서 인간에게 필요한 것이 결여된 상태에서 하루하루를 보내고 있기 때문이다. 거기서 필요한 것이 나-너의 관계다.

반려동물을 키우는 붐이 일어난 이유는 사람들이 그런 현상을 무의식적으로 감지하고 있기 때문인지도 모른다. 반려동물에게 치유를 받는 이유는 그들이 귀여워서가 아니라 반려동물과의 관계 속에서는 한순간이라도 나-너의 관계에 닿을 수 있어서다. 다만 거기에서 나-너의 관계를 조금이라도 이끌어내는 것은 자신이 아니라 전혀 의도 없이 항상 똑바로 마주하는 개나 고양이지만 말이다.

나와 너의 관계를 담고 있는 문학

이제 나-너의 관계에서는 차별이나 소외가 있을 수 없다는 것을 이해했을 것이다. 나와 상대방 사이에 거리감은커녕 아무것도 나뉘어 있지 않기 때문이다. 훌륭한 문학작품

중에서 나-너의 관계가 있을 때 감각이 서술된 글을 찾아볼 수 있다.

다음은 릴케의 시 〈장미의 내부〉 중 일부다.

> 어디에 이런 내부를 감싸는
> 외부가 있을까,
> 어떤 상처 위에
> 이런 아마포를 덧댈 수 있을까?
> 이 근심 없이 활짝 핀 장미의
> 호수에 비치는 것은 어느 하늘일까,
> 보라. 얼마나 많은 장미가 흐드러져
> 피어 있는지를 떨리는 손조차
> 뒤엎을 수 없을 것처럼 보인다.
> 이제 장미는 거의 자기 자신을 지탱할 수도 없다.
> 많은 꽃이 넘쳐흐르고
> 내부의 세계에서 외부로 흘러나온다.
> 그리고 외부는 점점 넘쳐흘러서 문을 닫고
> 마침내 여름 내내 한 방이,
> 꿈속의 한 방이 되는 것이다.

나-그것의 관계로만 살아가는 사람에게는 이런 시가 시시하게만 느껴질 것이다. 그러나 한 번이라도 나-너의 관계를 알게 된 사람이라면 어떻게 이렇게 아름답게 언어로 표현할 수 있었냐며 감탄한다.

사람들이 나-너의 관계를 몰라서 문화가 쇠퇴한 것일까? 아니다. 나-그것의 관계를 묘사하는 말을 쓰는 것과 동시에 나-너의 관계를 암시하고 있어서 문화가 풍요로워질 수 있었던 것이다. 시야말로 바로 그 수준에 걸맞은 문화다. 하지만 현대인들은 유행하는 팝송 가사밖에 모르고 암송할 수 있는 시도 없으며 시를 이해하기는커녕 읽어 본 적도 없다. 왜냐하면 말을 단순히 하나의 지시를 의미하는 단순 기호로밖에 사용하지 않기 때문이다.

부버의 나와 너의 관계

부버는 30대 중반까지 자신의 나-너 관계에 대한 감각을 다음과 같이 표현했다.

그것은 무언가 흔해 빠진 것, 예를 들면 무엇인가

친숙한 사물을 바라보는 사이에 시작된 적도 있었다.
시간이 불현듯, 사물의 진행 밖으로 끌려 나간다.
일상생활의 단단한 껍질에 구멍이 난다.
시간이 잘게 쪼개진다.
내 안에서 하나의 이쪽과 하나의 저쪽이
하나로 뒤덮인다.

 이런 감정을 종교적이라고 표현할 수 있다. 다만 다른 표현 방법이 없어서 종교적이라고 말하는 것뿐 정확하게는 신비스럽다는 말과 바꾼 것이며 어떤 기성종교 조직이 설파하는 종교를 따르는 것은 전혀 아니다. 단지 인간의 불가사의함이 거기에 도사리고 있다는 것을 보여준다.

고대 로마인들의 집에는 신이 있었다

 기원전 고대 로마인들은 각자 자신의 집에서 나-너의 관계를 가졌을 가능성이 있다. 왜냐하면 쿨랑주의 『고대도시 *La Cité Antique*』(1864년)에 다음 같은 기술이 있기 때문이다. "이 고대인들의 집에는 아궁이가 있었는데, 아궁이는 흙 위에 세워야 했고 일단 아궁이를 놓으면 그 자리를 절대로 옮겨서는 안 되었다. 그 아궁이는 제물을 바친 성화가 타오르는 제단으로, 그곳에는 그 집의 조상과 수호신이 모셔져 있었고 그 주위에는 울타리를 쳐 신성한 장소로 여겼다. 즉, 고대 로마인들은 집마다 신비한 세계를 가지고 있었다."

고대 로마인들에게 아궁이가 중심에 있는 집은 인간의 삶과 죽음이 존재하는 신성한 장소였다. 인간은 그 장소의 어둠에서 태어나 죽음과 함께 어둠으로 돌아간다. 인간의 지식이 전혀 미치지 못하는 그런 신비로운 세계의 일부가 집 안에 있어 불꽃처럼 일렁이는 것이다. 이러한 집 안에서 고대 로마인은 그 고요한 세계 속으로 유유히 침잠해 들어가 자기 선조의 눈앞에서 가족들과 나-너의 관계를 맺을 수밖에 없었을 것이다.

고대 로마인들이 지금 우리가 사는 집을 본다면 어떤 생각을 할까? 의미 없는 무늬나 형태로 꾸며진, 자고 먹고 노는 방밖에 없는 곳에서 피곤한 얼굴로 전자 기기만 바라보는 현대인이 살아 있는 인간으로 보이지 않을 수도 있다. 유령 혹은 생명력 없는 인형 같다고 생각할지도 모른다.

많은 사람들이 일상적인 업무에 쫓겨서 반응과 처리와 기만으로 가득 찬 메마른 삶을 살고 있는 것은 사실이다. 인간으로서 활력 넘치는 생활은 어디에서도 찾을 수 없고 수익을 내는 부품으로써 같은 동작만 반복하며 나-그것과의 관계의 노예가 되고 있는 것은 아닐까? 정갈하게 꾸며진 집 안에 인생의 신비로움이 한 조각도 남아 있지 않은 것은 아닐까?

Chapter 4

다른 사람을 사랑하는 것은 왜 고통스러운가

연애와 덕질의 저편에 있는
인정 욕구에 대하여

아이돌을 덕질하는 것이 부끄러운 일인가?

자연 안에서 신의 위치에 오르지 못할 것은
하나도 없다.
- 파스칼

우상의 시작은 단순하다

오래전부터 국가도 종교도 차별화를 통해 스스로를 정당화해 왔다. 즉, 사람들은 그 정당화에 늘 속아 왔다고도 할 수 있다. 그런데 사업가들은 차별화로 상품을 돋보이게 해서 파는 것보다 더 강력한 방법을 찾아냈다. 바로 우상을 만들어 장사하는 것이다. 다만 우상 자체를 파는 것이 아니라 우상과 관련된 상품을 판다.

우상이라는 말은 익숙한 용어라고 할 수 없다. 우상이란 신과 같은 존재를 형상화하여 만든 상이다. 단순한 인형과 다른 점은 우상이 숭배와 동경의 대상이 된다는 점이다. 만약 어떤 인형을 진정한 신으로 숭배한다면 바로 그것이 우상이다. 형상화된 어떤 것이 우상인지 아닌지는 인간이 그 형상화된 것을 숭배하는지 아닌지에 달렸다.

우상은 사람이나 동물과 비슷한 형태가 아닐 수도 있다. 이슬람교가 창시되기 전 아라비아반도에서는 아랍의 유목민(베두인)들이 돌이나 나무에 각각 절을 했다. 불상을 숭배하든 그리스도와 마리아 상을 숭배하든, 무엇이든지 숭배하기만 하면 그것은 우상숭배(Idolatry)가 된다. 다만 기독교에서는 그 행위를 우상숭배로 보지 않고 숭배를 보여주는 태도라고 자기변호를 한다. 이는 '무엇인가를 깎아서 형상을 만들고 그것을 숭배하지 말라'고 한 십계명의 2계명에 저촉되는 것을 피하기 위해서다. 또한 우상이 어떤 특정 종교와 관계되지 않은 경우라도 무엇인가를 숭배하는 행위를 하거나 최고의 존재라고 인정해 버리면 그것이 바로 우상숭배의 시작이다.

선전이 우상숭배로 이어지는 과정

의도적으로 우상숭배자를 늘리는 것은 어렵지 않다. 무엇인가를 우상으로 선전하려고 할 때는 부정주도어(否定主導語)를 많이 사용하면 된다. 부정주도어는 다음과 같이 사용한다.

이거야말로 진정한 건강 상품이다.

진정한 사랑을 그렸다.

진짜 인생이 여기 있다.

최고의 사치를 맛볼 수 있다.

순수한 우정.

절대적 정의를 관철한다.

　여기에는 '최고'나 '절대'라는 말이 사용되는데 그 정도로 강하게 표현하는 말이 모두 부정주도어다. 진품이니 진실이니 하는 강한 말이 쓰였다고 해서 그것이 정말 진품이고 진실이라고 증명하는 것은 아니다. 실제로 부정주도어는 어떤 대상을 긍정적으로 특정하기보다는 유사한 다른 것들을 부정하고 배제하기 위해 사용된다.

　부정주도어는 대중의 마음을 움직여야 할 때 대대적으로 쓰인다. 자사 상품을 팔려고 할 때, 인기를 얻고 싶을 때, 선거에서 표를 얻고 싶을 때, 정치가가 본인의 이익을 위해 정치를 움직이려고 할 때 등에 사용된다. 즉, 부정주도어는 홍보 의도를 드러내지 않고 홍보하는 은밀한 선전 문구의 정형어다. 이 부정주도어에 속아 넘어가는 사람이 얼마나 많은가! 부정주도어로 띄운 것이 내일은 대중의 우상이 된다.

> **부정주도어** 否定主導語
>
> 영국의 언어철학자 존 랭쇼 오스틴(John Langshaw Austin)의 『지각의 언어 Sence and sensibilia』(1962년)에 등장한 용어(trouser-word)로 내용 면에서 정의되지 않았지만 부정과 대조를 통해서만 의미를 얻는 말을 뜻한다. 오스틴은 철학 중에도 부정주도어가 사용되는 철학이 있으며 그러한 철학은 무의미하다고 말했다.

아이돌 장사와 우상숭배

우상은 라틴어로 이드라이고 이것을 영어로 발음하면 아이돌(Idol)이다. 연예계나 그 주변에서 상품이 되는 아이돌도 여기에 해당한다. 조각된 불상을 숭배하는 사람도, 아이돌에게 열광하는 사람도 우상숭배를 하고 있다. 살아 있는 섹시한 소녀만이 아이돌이 되는 것은 아니다. 노인도 전자 기기 안에만 있는 사람도 될 수 있다. 모든 대상이 아이돌이 될 수 있다. 아주 오래전부터 그랬다.

파스칼은 『팡세』에서 이렇게 말한다. "자연 안에서 신의 위치에 오르지 못할 것은 하나도 없다니 참으로 기묘한 일이다. 별, 하늘, 땅, 원소, 식물, 양배추, 부추, 동물, 곤충, 송아지, 뱀, 열병, 흑사병, 전쟁, 기근, 악덕, 간음, 불륜 등으로 말이다." 파스칼은 농담으로 한 말이 아니다. 이슬람교가 전파되기 전 고대이집트에서는 하늘의 여신 바스테트가 있었고 바스테트의 우상은 고양이였다.

과거의 상인들은 다른 사람의 상품을 깎아내리는 차별화를 통해 자신의 상품에 높은 가치가 있는 것처럼 보일 필요가 있었다. 그러기 위해서는 지혜와 인간을 관찰하는 기술이 필요했다. 그러나 아이돌 사업에는 그런 것이 필요 없다. 약간의 수고와 비용도 들지 않았다. 게다가 아이돌에게는 일반적인 아름다움이나 높은 기술이 꼭 필요한 것도 아니다. 아이돌은 얼마든지 대체할 수 있다. 팬이 생기면 바로 그 순간 아이돌이 된다. 상인에게는 원자재비가 헐값인 셈이었다. 더욱이 아이돌의 조건을 충족해야 꼭 아이돌이 될 수 있는 것은 아니다. 팬이 생기거나 혹은 동경의 눈빛으로 바라보는 사람이 생기면 그 시선의 끝에 있는 사람은 아이돌이 된다. 마치 사막의 오아시스에서 자라는 나무를 숭배하다가 우상숭배를 하게 되는 것과 같은 구도다.

아이돌의 경우, 꼭 노래와 연기를 팔아야 장사가 되는 것은 아니다. 아이돌과 관련된 상품을 파는 것만으로도 충분히 장사가 된다. 심지어 원가에 비해 가격이 높아 이익이 크다. 아이돌 상품은 여행지에서 파는 부적이나 점괘가 적혀 있는 종잇조각이나 진배없다.

아이돌 상품과 소비 방식은 기존의 소비 방식과는 다르다. 우상숭배에 사로잡힌 사람들을 위한 상품이 늘어나면서 우상숭배자들은 특유의 소비 행동을 한다. 그 결과로 우상숭배자들이 얻고자 하는 것은 무엇일까? 이에 대해 설명을 하기 전에 사람들이 무엇인가 물건을 살 때 생기는 의미 변화를 살펴보자.

명품 가방에는
어떤 값어치가 있는가?

기호(말)의 소비다.

- 보드리야르

마르크스가 살던 시절의 쇼핑

『자본론』(1867년)을 쓴 마르크스가 살아 있던 19세기 중반과 그로부터 120년이 지난 후의 상품 소비 방식은 완전히 달라졌다.

마르크스는 상품에는 두 가지 가치, 즉 사용가치와 교환가치가 있다고 했다. 사용가치란 어떤 것을 하기 위해 사용할 수 있느냐 없느냐 하는 것이다. 칼은 식재료를 자르기 위해 사용할 수 있다는 의미에서 사용가치가 있다. 그리고 칼은 몇 천 원짜리부터 몇 백만 원짜리까지 다양하다. 일반적으로 그것은 제품의 가격에 반영된다. 따라서 10만 원짜리 칼이라면 다른 10만 원짜리 상품과 교환할 수 있다. 이를 교환가치라고 한다.

다이아몬드 등 보석에 쓰이는 광물의 사용가치는 낮지만

채굴이나 가공에 소요되는 비용이 크기 때문에 교환가치가 상대적으로 높다. 물론 대부분의 사람들은 용도에 부합하는 적당한 가격의 상품을 구입하는 것이 일반적이다.

> **카를 마르크스**
> Karl Marx, 1818~1883
>
> 독일의 사상가이며 경제학자. 관념론, 공상적 사회주의 및 고전 경제학을 비판하여 과학적 사회주의를 창시했다. 엥겔스와 함께 『독일 이데올로기』를 저술하며 유물사관을 정립하고 『공산당 선언』을 집필했다. 그의 대표작 『자본론』은 계급투쟁의 이론을 수립한 사회주의 바이블로 평가받았다.

브랜드라는 이름에 속아 넘어간다

20세기 중반이 되자 보드리야르는 저서 『소비의 사회』(1970년)에서 그 사용가치를 완전히 무시한 상품이 팔리기 시작했다고 지적했다. 이처럼 사용가치를 무시한 상품의 대표가 이른바 명품이다. 에르메스 버킨 백 중에는 자동차 한 대 값을 넘는 게 있지만 자질구레한 소품밖에 들어가지 않아서 그 사용가치는 1,000원짜리 종이 가방과 다르지 않다.

그렇다면 명품 가방을 사는 사람은 무엇을 산 것일까? 버킨 백을 들고 다니는 사람은 부자이거나 센스가 있다는 의미를 산 것이다. 곧 타인에게 보여줄 어필을 산 것이고, 어필은 의미가 있는 말이라서 바로 그 '말'을 산 것이 된다. 보드리야르는 이를 기호(말)의 소비라고 표현했다.

물론 말을 산다고 해서 부자가 되는 것은 아니다. 겉으로 보이는 극히 일부분만 부자인 척 행세를 하는 것뿐이다. 이는 다른 사람뿐만 아니라 자신의 눈에도 그렇게 비친다. 그래서 내심 절망감을 맛본다. 그들은 정말로 무엇을 손에 넣고 싶은 것일까? 아이돌 관련 상품을 사는 사람도 적당히 박음질이 된 천 조각이나 종잇조각, 전자기화된 플라스틱 판을 원했던 것은 아닐 것이다. 인간은 정말로 무엇을 원하는가?

장 보드리야르
Jean Baudrillard, 1929~2007

대중과 대중문화 그리고 미디어와 소비사회에 대한 이론으로 유명한 프랑스의 사회철학자, 사회학자, 미디어 이론가. 그의 이론은 많은 분야의 현대사상에 영향을 끼쳤는데, 특히 미국의 현대 예술가들에게 많은 영향을 준 것으로 평가받고 있다.

내가 원하는 것이 무엇인지 모른다

　명품 소유를 원하는 사람, 아이돌 상품을 갖고 싶어 하는 사람, 많은 급여와 많은 시급, 즉 돈을 많이 가지고 싶은 사람은 다 똑같다. 그들이 그렇게 갖고 싶어 하는 이유는 아무리 노력해도 원하는 것을 손에 넣지 못하기 때문이다. 아니, 그 전에 자신이 절실히 원하는 것이 무엇인지 알지도 못한다.
　명품을 원하는 사람은 궁극적으로 자신의 주변을 온통 명품으로 채워도 여전히 부자로 보일 수 있는 신분이 되고 싶은 것일까? 그것은 현재의 자신을 부정하는 것이다. 따라서 명품을 계속 구매할수록 자신은 더욱 부정당하고 그 부정이 쌓일수록 비참함만 더해진다.
　아이돌 관련 상품을 계속 사는 사람은 실제로 그 아이돌을 자기 것으로 만들고 싶은 것일까? 예컨대 아이돌과 결혼하고 싶은 것일까? 하지만 실제로 결혼하면 그 아이돌은 예전의 아이돌과 같은 상태가 아닐 것이다. 왜냐하면 팬들과 거리를 둔 무대에 있어야 아이돌이라는 특별한 존재로 남을 수 있기 때문이다.
　자신에게 필요한 것을 구입하거나 평소 소비하는 금액보다 훨씬 많은 돈을 가지고 싶은 사람에게 많은 돈은 더 많은 가능성이라는 의미를 내포한다. 이때 그 사람은 앞으로 자신의 가능성이 커질 것이라고 생각한다. 그런데 가능성이란 대체 무엇인가? 능력이 커질 가능성을 말하는 것이라면 무엇인가를 연습하거나 관련한 공부를 하는 수밖에 없다. 그것은 그들의 실제 행동과 관련이 있지 더 많은 돈과는 아무 관련이 없다. 그들은 모두 자기소외를 하고 있을 뿐이다.

우상 속에 갇혀 버린 우상숭배자들

아이돌의 팬이 우상숭배자라는 것은 굳이 설명하지 않아도 모두 안다. 명품을 원하는 사람은 상류계급의 신분을 우상으로 삼는다. 더 많은 돈을 원하는 사람들은 돈을 우상으로 숭배한다. 주가나 환율 변동에 일희일비하고, 세계의 유명한 부자를 부러워하며, 돈이 아닌 다른 것에서는 최고의 가치를 찾지 못한다. 인간은 돈을 섬기는 도구에 지나지 않는다고 생각될 정도다.

스포츠 선수의 열광적인 팬도 우상숭배자다. 그들이 우상을 숭배한다는 증거로 그 선수와 관련된 상품을 사는 것 외에도 '기운을 얻었다'거나 '용기를 얻었다'는 등의 주술적인 표현을 사용하며 자신이 응원해서 팀이 이기고 선수가 활약한다고 진심으로 믿는다. 물리법칙이나 논리가 전혀 통하지 않는 수준의 사고를 하는 것이다.

우상숭배자들은 항상 우상을 생각한다. 이는 집착 끝에 포로가 되어 버렸다는 뜻이다. 프롬은 『인간의 마음』(1964년)에서 유대교 지도자 중 한 사람인 이삭 마이어의 말을 인용한다. "인간이 생각한다는 것은 인간이 거기에 속박되어 있다는 뜻이다."

상인 입장에서 열광적인 팬에게 물건 팔기는 식은 죽 먹기로 보일 것이다. 왜냐하면 유도하지 않아도 우상에 대해 스스로 복종적 숭배를 하기 때문이다. 그들은 고정 고객이고 상인은 그저 미소만 짓는다.

행복과 건강을
기원하는 것은
자연스러운 일일까?

내가 말하는 것은 비유다.

- 예수

신에게 소원을 비는 사전도 만들 수 있다!

우리 일상을 찬찬히 들여다보면 의외로 우상숭배를 당연시하는 세계관이 만연해 있음을 알 수 있다. 예를 들면 다음과 같은 생각을 하는 사람이 생각보다 많다.

죽으면 천국(천당, 극락, 정토 등)에 간다.
선행을 하면 소원이 하늘에 통한다.
절에 가면 기도를 하며 병의 회복과 건강, 풍년 등을 기원한다.
하느님과 성령님이 역경에서 구원해 줄 것이다.
늘 신이 지켜보고 있다.
교회나 성당, 절 등은 영적인 힘을 얻을 수 있는 곳이다.

그 외에도 수많은 신에게 소원을 비는 사전을 만들 수 있을 정도다. 이러한 생각은 오래전부터 문예, 미디어, 세상을 살아가는 지혜나 보통의 상식에 스며들어 마치 일반화된 사실인 양 이야기되고 영화나 드라마로도 만들어진다.

그렇다면 왜 자신이나 가족이 행복해졌으면, 건강해졌으면 하고 신에게 바라는 사소한 것도 우상숭배일까? 그것은 인간의 마음에 생기는 자연스러운 감정이 아닌가? 보통은 그렇게 생각하지만 사실 그것은 자연스러운 감정이 아니다. 행복이나 건강을 바라는 것 자체는 자연스럽게 솟아나는 마음이지만 자신의 행복이나 건강을 신적 존재에게 맡기는 것은 미신에 지나지 않는다. 그런 위탁은 자신에게 그럴 능력이 없다고 인정하고 자신과 가족을 통째로 누군가에게 맡기는 것을 의미한다. 다시 말해 스스로를 버리는 행위라고 할 수 있다. 더 심한 경우에는 재산부터 생명까지 버리는 것을 신앙으로 여기는 사이비 종교의 신자가 되는 경우도 종종 만나게 된다.

신이 현실을 바꿀 수 있을까?

어떤 소원을 빌어서 결과적으로 이루어지면 자신의 기도에 신이 응답을 해주었다고 생각한다. 그리고 어디 어디 절이나 바위나 온갖 대상이 '효과가 있다'고 말한다. 그렇다면 어딘가 초현실적인 곳에 존재하는 신의 선택이나 영향력에 따라 현실 세계가 얼마든지 바뀔 수 있다는 뜻이 된다.

정말 그렇다면 인간은 무엇을 위해 여기에 사는 것일까? 우리는 신의 손바닥 위에 놓인 장난감일 뿐인가? 우리가 살고 있는 이 현실이 물리학의 법칙을 뛰어넘어 빠르게 변할 수 있을 만큼 취약한 것뿐일까? 신은 사실 자동판매기 같은 것이 아닐까? 자동판매기에 동전을 넣으면 주스가 굴러 나온다. 그와 마찬가지로 신에게 소원을 빌면 그 소원이 현실이 되어 여기에 짠 하고 나오는 것이 아닐까?

어쨌든 신에게 소원을 빌고 신의 힘을 기대하는 형태로 행해지는 우상숭배는 숭배하는 자가 자신에게 힘이 없음을 인정하는 형태를 취한다. 이러한 우상숭배는 꼭 민간신앙이나 불교, 신흥종교에서만 볼 수 있는 것은 아니다. 기독교 안에도 있다. 즉, 기적을 믿는 신자가 있는 것이다. 『신약성경』에 묘사된 다양한 기적이 자기 인생에도 언젠가 일어날 수 있다고 믿는다. 『신약성경』에 나오는 기적이 하나의 비유로 이야기되는 것뿐임을 믿지 않는 것이다. 예수가 '내가 말하는 것은 비유다'라고 몇 번이나 주의를 환기하는데도 어리석은 자들은 깨닫지 못한다.

많은 것이 우상이 될 수 있다

우상숭배로 자신의 능력이 깎이는 사태는 꼭 신에게 소원을 비는 경우에만 일어나는 것은 아니다. 신이 아닌 존재를 우상으로 삼아도 마찬가지다. 국가, 기업, 특정 인물이나 일족, 무엇이든 우상이 된다. 우상에 전통이 있으면 더욱더 매혹적이다. 왜냐하면 오랜 역사가 있다는 것은 줄곧 인정받아 온 증거라는 단편적인 사고를 하게 만들기 때문이다. 나아가 전통이 오래될수록 권위가 높다고 생각하며 숭배의 정도는 더욱 깊어진다.

우상숭배자들은 우상에 복종적 숭배를 하는데 그 복종적 숭배를 가장 좋아하는 것이 군과 국가다. 이에 관해서는 과거 세계대전 시대의 일본, 독일의 나치를 떠올리면 쉽게 이해할 수 있다. 국가를 숭배하는 것도 정치 지도자와 군인을 숭배하는 것도 우상숭배나 다름없다. 권력욕에 사로잡히는 것도 우상숭배다. 권력도 우상이 되므로 정치가나 수장은 종종 자신에게 엄청난 힘이 있다고 착각한다. 그럴 때 정치인들은 일부러 막되게 굴기도 한다.

 주의나 사상도 그것을 최고로 여긴다면 우상이 될 수 있다. 칼뱅주의, 스탈린주의, 레닌주의, 마르크스주의, 마오쩌둥주의 등 역사에 나타났던 극단주의적 사상이 그렇다. 그렇다면 민주주의도 우상이 될까? 아니, 민주주의는 우상이 되기 어렵다. 민주주의는 형태가 분명하지 않고 그 내용이 항상 유동적이기 때문이다.

언젠가는 무능해지거나
죽음을 맞게 된다

 우상숭배가 도를 넘으면 인간은 위험한 상태에 빠진다. 가령 자신이 무능하다는 것을 실감하면 결국 자신이라는 존재의 죽음을 맞이하게 된다. 이미 고대에 쓰인 『성경』의 〈시편〉에는 이를 암시하는 내용이 나온다. "그들의 우상은 금은으로 되어 있고 사람의 손으로 만들어져 입이 있어도 말하지 못하고, 눈이 있어도 보지 못하고, 귀가 있어도 듣지 못하고, 코가 있어도 냄새를 맡지 못하고, 손이 있어도 만지지 못하고, 발이 있어도 걷지 못하고, 그 목구멍에서는 소리가 나오지 않는다. 그것을 만든 사람도, 그것을 신뢰하는 사람도 그와 같을 것이다."

중요한 것은 마지막 줄의 '그것을 신뢰하는 사람도 그와 같을 것이다'라는 부분이다. 이를 구체적으로 바꾸어 말하면 '우상을 숭배하는 자는 나무를 깎아 만든 우상과 마찬가지로 움직이지도 못하는 무능한 존재가 될 것이다'라는 말이다. 『성경』에는 처음부터 끝까지 우상숭배를 금지한다고 끈질기게 반복해서 말한다. 우상숭배를 금하라고 호소하는 책이 아닌가 싶을 정도다.

예를 들어 에스겔이라는 예언자는 우상숭배자에게 신이 분노했다며 이렇게 말한다. "나는 검을 들고 높은 곳을 부술 것이다. 그대들의 제단은 무너지고 그대들의 기념비는 부서질 것이다. 나는 칼에 찔린 주민들을 우상 앞에 던지고 제단 주위에 뼈를 뿌릴 것이다. 너희 땅에 있는 도시들은 황폐해지고 높은 곳이 무너질 것이다. …… 우상은 부서지고 사라지고 …… 너희들의 행위는 아무것도 없는 무가 된다. 죽임을 당한 자는 널브러져 있고……."

이 파괴와 대량 살육은 방금 언급한 <시편>의 경우와 마찬가지로 은유로 이야기된다. 즉, 우상숭배로 인해 자기 안에 있는 활력 넘치는 자기다움을 잃어버리는 것을 비유적으로 표현했다.

현대인은
왜 무한한 고독을
호소하는가?

인간에게는 무능해지는 이유가 있다.

- 프롬

소외는 사람을 죽음에 이르게 한다

왜 우상을 숭배하면 무능해지거나 죽음에 가까워지는가? 그것은 우상숭배를 통해 자신을 소외시키기 때문이다. '소외'라는 말은 보통의 사람들에게는 그다지 익숙하지 않다. 소외란 요컨대 따돌림을 말한다. 소외는 언제 어디서나 누구에게나 일어날 수 있다. 어디에서도 소외되지 않은 사람은 없을지도 모른다.

가족에게 버림받은 것은 소외된 것이다. 회사에서 한직으로 내몰리는 것도 소외다. 그 원인이 자신의 언행일 수도 있고 가족이나 회사의 변화일 수도 있다. 소외는 종종 자신이 속했다고 생각하던 장소에서 이루어진다.

현대인 중에는 고독을 느끼는 사람이 많다고 한다. 그 원인의 중심에는 소외가 있다. 제대로 동조하지 않으면 결국 소외되고 동조하는 사회의 구성원은 동조하는 것만으로도 연대할 수 있고 자신의 불안을 외면할 수 있다.

프롬은 『건전한 사회』(1958년)에서 우상숭배를 통해 인간이 무능해지는 이유에 대해 이렇게 말했다. "우상숭배에서 인간은 자기 안에 있는 어떤 성질을 투사하고 거기에 머리를 숙이고 복종한다. 인간은 자기 자신이 생생한 애정과 이성의 행위가 퍼지는 중심이라고는 느끼지 않는다." 그러면 한 여성 아이돌을 우상처럼 숭배하는 한 남성의 예를 통해 이를 살펴보자.

내 안에 있는 아이돌의 매력

아이돌 팬이 된 한 남성은 그 여성 아이돌에게서 발랄한 아름다움, 성적인 매력, 반짝이는 생동감, 나이에 어울리는 천진난만함이나 강인함, 재능의 빛, 씩씩한 헌신 등 많은 것을 본다. 그러한 점을 만끽하고 싶어 콘서트나 팬클럽에 부지런히 다닌다. 남성이 아이돌에게서 보는 다양한 매력은 사실 그녀 안에만 있는 것이 아니다. 그 남성 안에도 똑같은 것이 있다. 그런데도 그는 그녀에게만 그런 면이 있다고 생각하고 그녀가 훌륭하고 유일한 존재라고 감격한다.

남성이 아이돌에게 감동할수록 그 자신은 비참해진다. 그래서 그의 내면에 있는 비참함을 감춘다. 남모르게 지금의 자신을 부정하는 것이다. 아무리 시간이 흘러도 그녀와 같은 점이 자신의 안에도 있다는 사실을 깨닫지 못한다. 자기 자신을 따돌리는 자기소외를 적극적으로 하고 있는 것이다. 아이돌을 숭배할수록 오히려 자신을 소외시키는 것이다. 즉, 자신을 있는 그대로 경험하지 못하게 된다.

만약 남성이 아이돌을 동경하지 않고 항상 자신의 모습 그대로 쭉 살았더라면 자기 안에 있는 모든 능력과 매력을 일과 행동을 통해 체득할 수 있었을 것이다. 하지만 남성은 그러지 않았다. 그 결과, 우상 그 자체와 똑같이 무능해진다. 이는 인간 개개인의 능력이나 생명력을 죽이고 인간으로 살아가는 것을 부정한다. 그래서 우상숭배를 금지하라고 십계명에 새겨져 있는 것이다.

만약 의사가 우상숭배자라면?

의사가 우상숭배자라면 어떨까? 그 의사는 히포크라테

스라는 우상을 몰래 숭배하고 있다. 어려운 수술이나 치료를 하기 전에는 세계 최고의 의사 히포크라테스에게 기도한다. 수술이나 치료가 잘되지 않을 때는 자신의 기도가 부족했던 것은 아닌지 의심하고 다음부터는 더욱 정성껏 기도한다.

이 의사는 정말 의사인가? 자신의 기도가 우상에게 통하는지 궁금해하는 수준이니 이 정도면 신관이 아닌가? 어찌 됐든 자신의 시술에 대한 자신감이 점점 줄어드는 것은 확실하다. 우상숭배가 깊어질수록 의사로서의 능력에 자신감을 잃는다.

국가 규모로 우상숭배를 하는 경우는 더 비참하다. 이를 실제로 경험한 것이 전쟁 때 일본이다. 사람 모습으로 이 세상에 나타난 신(천황)을 받드는 신국 일본에는 신이 그들을 도울 것이라는 우상 신앙이 퍼졌고 반드시 이길 거라며 병참, 즉 전투원, 병기, 식량 보급을 하지 않는 바람에 외지로 보내진 병사들의 60퍼센트 이상이 기아로 사망했다. 전황이 눈에 띄게 나빠지자 하늘에서 적 전함으로 날아가 자폭하는 폭격기를 편성하고 가미카제 특별공격대라고 이름 붙였다.

가미카제란 겐고의 난(1274년, 1281년에 일어난 몽골과 고려 연합

군과의 전투) 때 당시 일본군에 도움을 준 강풍을 말한다. 또 군인 정신 주입봉이라고 이름 붙여진 나무 방망이로 병사를 한 대 때리면 강한 군인 정신이 주입된다고 믿었다. 이런 식으로 자신의 힘에 더 이상 기댈 수 없다는 것을 자각하고 초월적인 존재가 기적적으로 보이지 않는 힘으로 도와줄 것이라고 생각하며 현실을 보는 것이 우상숭배자의 특징이다. 이것은 지어낸 이야기가 아니다. 지금도 현실에서 일어나는 일이다.

사랑을 하면
왜 괴로운 것일까?

도취는 최악의 고통을 초래한다.
- 생텍쥐페리

연애와 결혼으로 드러나는 인간 소외

차별과 소외는 사람과의 관계, 특히 연애나 결혼의 경우에 매우 강하게 나타난다. 인간 소외가 포함된 경우, 사람들은 연애든 결혼이든 상대를 '소유'하려고 한다. 혹은 소유하는 물건이라고 생각하게 된다. 그래서 인간 소외 경향이 있는 사람들은 '그녀를 얻었다'거나 '언제 결혼 상대를 얻을 수 있을까', '멋진 사람을 얻고 싶다'라고 표현한다. 연애도 결혼도 그들에게는 다른 사람과의 경쟁이나 게임에 지나지 않는다. 그래서 연애와 결혼 노하우까지 장사가 된다.

그들에게 사랑은 소유할 수 있는 것이라서 상대는 물건 같은 존재일 뿐이다. 물건이다 보니 스펙, 즉 속성이 중요해지는 것은 당연하다. 물건이 상처나 결함이 없고 비교적 아름답고 섹시할수록 순위가 높다. 그리고 다른 사람과 경쟁

하여 가능한 한 질이 좋은 상품을 얻으려고 한다. 그런 시장이라서 '최고의 미인이다', '섹시하다', '아주 청초한 느낌이다'와 같은 표현은 인간 개인에 대한 진심 어린 감탄이 아니라 상품을 보고 평가할 때 쓰는 말과 질적으로 같다. 사실은 평가하고 싶다는 것의 말 바꾸기에 불과하다.

손에 든 상품의 성능, 품질이 나빠진 것 같다거나 다른 상품이 매력적으로 보이거나 싫증이 나면 지금 가지고 있는 상품을 버린다. 이와 같은 감각으로 상대와 헤어지거나 버리는 것이다. 그것이 현실에서 흔히 볼 수 있는 연애와 결혼의 실상이다. 여기에 인간 소외가 고스란히 드러나 있다고 할 수 있다.

연애가 힘든 진짜 이유

자신의 취향에 딱 맞는 사람을 만난다고 해도 결국 괴로워하게 된다. 『어린 왕자』를 쓴 생텍쥐페리는 이에 관해 아주 예리한 말을 남겼다. "사랑과 소유의 도취를 혼동하지 말라. 그런 도취는 최악의 고통을 초래하지만 일반적인 견해와 달리 사랑은 사람을 괴롭히지 않는다. 소유의 본능이야말로 사람을 괴롭히는 것이며, 그것은 사랑과는 반대되는 것이다."

소유, 즉 가지고 있는 것은 자신의 고통을 증가시킨다. 가지고 있는 것을 유지하기 위해 수시로 유지 보수하고 누가 훔쳐 가지 않게 신경 쓰고 가두어 놓고 그래도 여전히 망가지지 않을까 걱정하느라 한시도 편안히 쉬지 못한다. 수집품은 물론 돈이나 재산이 많은 경우도 마찬가지다. 소유하고 있는 것이 거꾸로 자신을 속박한다. 소유하는 것의 반대로 자신이 소유당하며 자유를 억압받는다. 그것은 연애가 아닌 다른 상황에서도 마찬가지다. 그렇게 되면 인간관계나 취직, 업무 면에서도 자유롭지 못하며 실제로 이런 사람이 꽤 많다.

그러나 소유하고 있는 모든 것이 나쁘게 작동하는 것은 아니다. 소유한 것이 자신의 내면에 있다면 그것은 항상 잘 작동할 것이다. 내 안에 있는 것은 폭넓은 의미에서 기능적 재산이다. 기능적 재산이란 재능, 그 재능과 경험에서 나온 기술, 센스, 인내심, 뛰어난 통찰력, 풍부한 어휘, 유연성, 명랑함, 성실함 등을 말한다. 요컨대 그 사람다움을 통해 자기 것이 된 것이 기능적 재산이다. 시험에서 좋은 성적을 받는다고 해서 그 성적이 정말로 내 것이 되는 것은 아니다. 몸에 밴 것이 자기만 소유할 수 있는 진정한 재산이다.

다만 기술이라고 해도 자신의 기능적 재산이 되는 것은 행정에서 말하는 기술이 아니다. 그들이 말하는 기술이란 이력서 등의 서류에 써넣을 수 있는 자격이나 면허를 말하며 그것은 자기 것이 아닌 경우가 대부분이다. 오히려 자신을 구속하고 자유롭지 못할 소지가 크다.

지도받고 배운 것이 그대로 기능적 재산이 되는 것도 아니다. 예를 들어 간병 공부를 하고 간병 훈련을 받아도 간병인의 역할을 잘 수행하지 못하는 사람이 있다. 반면 그 역할을 잘 수행하는 사람도 있는데 그 차이는 자신의 성격이나 기질, 지금까지의 생활 방식 등과 연동되어 자신의 신체 기능의 일부가 되었는지 아닌지에 있다. 그것이 자기 안에 소유한다는 뜻이다. 훈련한 기술이 어느새 그런 경지에 오른 사람을 소질 있는 사람이라고 한다.

그래서 정부에서 말하는 역량 강화나 직업훈련은 현실의 인간이 어떻게 살고 있는지 모르는 공무원이 상상 속에서 멋대로 그린 서툰 그림일 뿐이다. 다른 것도 그렇지만 서류 업무밖에 모르는 그들은 인간을 너무 쉽게 생각하는 경향이 있는 것 같다.

앙투안 드 생텍쥐페리
Antoine de Saint-Exupéry, 1900~1944

프랑스의 백작 가문에서 태어난 조종사이자 작가. 제2차 세계대전 당시 조종사로 참전해 지중해 상공에서 정찰 비행 임무를 수행하던 중 적의 공격을 받아 실종되었으며 끝내 돌아오지 못했다. 대표작으로는 『어린 왕자』, 『야간 비행』, 『인간의 대지』 등이 있으며, 그의 글에는 하늘을 나는 경험과 인간 존재에 대한 깊은 성찰이 어우러져 있다.

사랑받고 싶은 것은 자신을 잃어버렸기 때문이다

사랑과 연애에는 다양한 유형이 있다. 성적 만족을 위해 욕망을 충족시켜 줄 만한 사람을 찾는 연애도 있고, 자기 전체를, 자신의 가능성과 자신의 과거까지 사랑받고 싶어서 연애하고 싶은 사람도 있다. 전자의 경우 비교적 단순하게 감각적 만족을 추구하는 것이 중심이 되지만 후자의 경우, 타인에게 인정받고 싶고 칭찬받고 싶다는 욕망으로 가득 찬 경우가 많다. 그리고 다른 사람이 자신을 인정하지 않으면 왠지 화가 난다. 그러면 결국 달콤한 말이나 아첨을 늘어놓는 사람에게 쉽게 넘어간다. 이 심리를 이용해 돈벌이하는 것이 유흥업소 직원이나 사기꾼이다. 듣기 좋은 말을 해서 물건을 파는 세일즈맨도 같은 수법을 쓴다. 속는 사람이 많아서인지 필요 이상으로 칭찬하여 오히려 상대를 희화화시키거나 깎아내리는 칭찬으로 죽이기 수법은 이제 확실한 비즈니스 모델로 자리 잡았다.

그렇게까지 해서 연애를 하고 싶어 하는 사람들을 메타인지적 관점에서 보면 외부에 있는 것을 사용해 자신의 내부를 채우려는 사람들이다. 아주 이상한 일을 하려고 하는 사람들이라고도 할 수 있다. 고대 그리스의 철학자 에픽테토스는 '외부에 있는 것으로 자신의 내면을 어지럽히지 말라'는 지혜를 말했다. 외부에 있는 것은 자신의 의지로는 어떻게도 할 수 없지만 내 안에 있는 것은 내 의지로 어떻게든 다룰 수 있다는 것이다.

그 구별을 분명히 하고 안과 밖 사이에 높은 벽을 세워 두면 좋다. 벽이 없는 상태로 두게 되면 바깥에 있는 것이 그 사람의 안으로 들어와 마음을 엉망진창으로 만들어 버린다. 예를 들어 누군가에게 사랑받고 싶다는 생각이 든 순간 그 벽이 시원하게 무너져 버리는 것이다. 이는 외부에 있는 것에 쉽게 컨트롤당할 수 있다는 말과 다름없다. 하지만 이런 지혜를 알고 있으면 살아가는 데 매우 참고가 되고 실제로 자신을 돕기도 한다. 이러한 삶의 지혜에 관해서는 현대 철학이 아니라 특히 고대 그리스의 철학자 에픽테토스, 세네카, 아우렐리우스가 쉽게 설명한다.

에픽테토스
Epiktētos, 기원전 50~135년경

한때 로마의 노예였으나 해방된 뒤 스토아 철학을 가르치는 철학 학교를 열고 평생을 가르침에 헌신한 인물이다. 그는 외적인 운명보다 내면의 태도를 중시하며, 인간은 자신의 의지와 판단을 통해 진정한 자유를 얻을 수 있다고 강조했다. 저작으로는 제자 아리아노스가 기록한 『어록』과 간결한 실천 지침서인 『엥케이리디온』이 전해진다.

도겐의 세계론으로 보는 연애

젊은이들에게 유행하는 팝 음악은 대개 사랑을 노래한다. 젊은 사람들은 멜로디와 가사에 자신의 기분과 경험을 대입해 공감한다. 젊은 사람들은 연애 드라마도 좋아한다. 드라마에서 벌어지는 일을 자신의 경험처럼 느끼기 때문이다. 그런 드라마를 평소에 많이 보는 사람인지 아닌지는 쉽게 알 수 있다. 드라마를 많이 보는 사람은 드라마에 나오는 사람들과 똑같은 반응을 보인다. 즉, 이상하게 놀라고 갑자기 큰 소리로 고함을 지르고, 사소한 일로 몹시 낙담하고, 망상에 사로잡히고, 의심에 휩싸인다. 이는 어설픈 연출로 범벅이 된 드라마의 등장인물을 흉내 내는 것이며 본인은 의식하지 않아도 그런 반응이 인간적이라고 학습한 결과다.

만약 그들이 세계문학을 많이 읽고, 인간이나 동물의 임종이나 시신을 지켜보고, 별이나 야광충을 관찰하면서 자신을 잊고, 미술관이나 박물관에 다니는 경험을 했더라면 그렇지 않을 것이다. 인간은 자신이 상상하는 것보다 훨씬 더 깊고 신비로운 존재라는 사실에 경외심마저 가지게 되었을 것이다. 그러나 그들 대부분은 드라마에서 등장인물의 연기를 통해 펼치는 과장되고 진부한 반응 방식, 얕은 사고밖에 할 줄 모른다. 이것이 그들의 현실적인 연애나 인간관계를 상당히 빈약하게 만드는 것은 아닐까?

인간이 어떻게 세계를 보고 있는가에 대해 13세기 가마

쿠라 시대에 살았던 도겐이라는 불교 승려는 『쇼보겐조正法眼蔵』에서 이렇게 썼다. "세계란 자기 안에 있는 것을 거기에 배열해 놓은 것이다. 그렇게 배열된 것을 인간은 세계라 생각하고 본다."

여기서 '자기 안에 있는 것'이란 자신이 즐겨 보는 것이며, 거듭 그것을 자신의 관심이나 감정에 끌어들여서 다시 여기에 좍 배열하고 세계 전체라고 생각한다는 것이다. 따라서 그 사람은 세상을 있는 그대로 보고 있다고 생각하지만 실은 그 사람의 내면에 배열된 것을 보는 셈이다.

물론 세계만이 아니라 타인에 대해서도 그렇게 생각한다. 외모를 평가하는 경우도 마찬가지다. 연애를 하는 사람도 사정은 마찬가지다. 자신이 사귀는, 현실에 있는 그 사람 자체를 보고 있었던 것이 아니라 대부분 자신이 유심히 바라보는 자신의 내면에만 존재하는 상대를 보고 있었다는 것이다. 그래서 어느 날 갑자기 상대방이 다르게 보이거나 상대방이 크게 변했다고 느낀다. 그 원인은 그 사람 내면의 변화 때문이다.

도겐
道元, 1200~1253

일본 불교사에서 가장 중요한 승려 중 한 사람으로 일본 조동종의 시조로 추앙받는다. 24세에 중국 남송으로 건너가 정통 선불교를 배우며 큰 깨달음을 얻었다. 일본 각지를 돌며 법을 전하다가 후쿠이현에 에이헤이사를 창건해 조동종의 기반을 세웠다. 그의 사상은 『정법안장』 등의 저작을 통해 전해지며, 일본 불교뿐 아니라 동아시아 선사상 전반에 큰 영향을 남겼다.

사랑은 앎을 통해 이루어진다

작가 올더스 헉슬리는 이런 말을 남겼다. "우리는 우리가 알고 있는 것만 사랑할 수 있으며 사랑하지 않는 것은 완전히 알지 못한다."

안다는 것은 사랑 그 자체는 아니지만 사랑을 향해 내딛는 한 걸음이 된다. 우리가 태어나서 이 세상을 알아 가는 것은 세상을 사랑하는 일이다. 맨 처음 부모를 알고, 가족 형제를 알고, 개와 고양이를 안다. 머지않아 다른 사람을 알게 되고 더 깊이 알게 되면 그 사람들을 사랑하게 된다. 이는 아마 동물도 마찬가지일 것이다. 앎과 사랑이 겹쳐지지 않으면 살아가기 힘들다.

공부하는 것은 세상에 대해 알아 가는 작업이지만 그것이 공부가 되는 순간, 보통 사람은 하기가 싫어진다. 아는 것은 쾌감을 가져다주지만 공부는 즐겁지 않다. 이는 공부가 어떤 사항을 기억하도록 강요하는 시스템으로 되어 있기 때문이다. 시스템이 고통스럽지 않은 학생은 시험에서 좋은 성적을 거두고 우수한 학생이라는 평가를 받는 것이 현실이다. 하지만 사실, 시스템에 순종한다는 면에서만 우수할 뿐이다. 그렇다면 시스템에 맹목적으로 순종하는 데 뛰어난 학생에게 무엇인가를 알고자 하는 의지나 사랑하고자 하는 의지가 있다고 할 수 있을까?

문제는 거기에서 발생한다. 즉, 이 사람이 우수하다는 서류가 작성되면 그 서류가 그 사람의 능력을 증명하게 되어 사회에서 우수한 사람으로 대접받는다는 큰 문제 말이다. 예를 들어 재판에서 종종 비인간적이고 교만하며 사랑이 없는 판결이 나오는 이유는 그런 수준의 우수한 사람이 많기 때문이다. 행정에서 벌어지는 비인간적인 조치도 마찬가지다. 그러므로 우리는 사랑을 취향이나 개인적인 일로 보거나 삶의 장식으로 보아서는 안 된다. 앎은 사랑으로 통하고 사랑은 생명으로 통하므로 누구를 만나든, 무엇을 접하든 사랑이 없어지면 인간은 틀림없이 파멸로 향하게 된다.

> **올더스 헉슬리**
> Aldous Huxley, 1894~1963
>
> 영국에서 태어나 옥스퍼드 대학교를 졸업했다. 시인이자 작가로 노벨문학상 후보로 9번이나 올랐으나 수상을 하지는 못했다. 대표작으로는 『멋진 신세계』, 『영원의 철학』 등이 있다.

Chapter 5

인생의 성공은
누가 결정하는가

**이윽고 모두가
죽음에 대해 생각한다**

지금의 상황을
바꾸려면
어떻게 해야 할까?

타인의 인정에 지나치게 의존하는 삶은
진정한 자아 실현과 자율성을 약화시킨다.
- 프롬

열쇠를 부수고 손잡이를 당겨라

현대의 인간은 한 인간으로서 살기보다 경제의 한구석 그늘진 곳에서 아무도 모르게 움직이는 아주 작은 톱니바퀴로 살아가야 하나? 얼마 안 되는 생활비를 벌기 위해 많은 자유를 포기하고 자신이 알고 있는 기지의 능력과 알지 못하는 미지의 능력을 다양한 면에서 활용하는 것을 어느새 잊어버린 것일까? 그렇다면 '내가 살아 있다'는 것을 온몸으로 실감할 수 있을까?

프롬은 『건전한 사회』에서 이렇게 썼다. "소외된 인간의 사고 특성을 보면 인간의 지능이 얼마나 발달했고 이성이 얼마나 왜곡됐는지를 분명히 알 수 있다. 그는 자신의 현실을 당연하게 여겼다. 다시 말해 그는 현실에서 먹고, 소비하고, 만지고, 조작하고 싶어 했다. 현실의 배후에 있는 것이 무엇인지, 현재 있어야 할 것은 무엇인지, 앞으로 어떻게 될 것인지 물어보려고도 하지 않는다."

프롬의 말은 빈정거림이나 조롱이 아니라 수많은 현대인의 현재 상태를 그대로 그려 낸 것이다. 그들은 내심 돈이 조금만 더 있으면 궁핍한 상태에서 벗어날 수 있다고, 어딘가에서 돌파구를 찾을 수 있다고 생각한다. 이렇게 돈이 만능이라고 생각하는 것이야말로 돈을 우상으로 숭배하는 사람이라는 증거다.

현대인은 자신은 여기에 있고 세계는 건너편에 있다고 느낀다. 전쟁이나 정치는 저 멀리서 일어나는 일로 느낀다. 그 일이 자신에게도 휘몰아치듯 덮쳐 오리라는 사실을 깨닫지 못한다. 디스플레이 너머로 세상을 보고 있다고 생각하기 때문이다. 현실 속에 말려들면서도 자신은 타인보다는 다소 안전하다고 착각한다.

현대인은 지금이 한밤중인지 새벽녘인지 모른다. 왜냐하면 밀폐된 어두운 방에 쭉 틀어박혀 있기 때문이다. 모든 것을 바꾸고 싶다면 그 방에서 나오는 수밖에 없다. 단순한 그 사실을 깨우치고 행동하면 된다. 우선 문을 열고 손잡이를 당겨야 한다. 열쇠는 어디에 있는가? 손잡이는 어디에 있는가? 열쇠나 손잡이는 방구석 어딘가에 있는 것이 아니다. 내

안에 있다. 자기 안에 있는 고정관념이 열쇠다. 그 열쇠를 자기 손으로 비틀거나 부수어야 한다.

성공은 꼭 해야만 하는 것인가?

이러이러한 일은 이러이러한 식으로 처리해야 한다고 믿고 조금도 의심하지 않는 것이 고착관념이다. 일반적으로 고정관념이라고도 한다. 우리는 무수한 고정관념 속에서 그 관념을 참조하며 하루하루를 살아간다.

현대사회에서 일하는 사람들의 고정관념 중 큰 부분은 무엇이든지 성공이냐 실패냐로 가치가 정해진다는 점이다. 한 개인이 유능한지 무능한지도 이 성공과 실패를 잣대로 들이댄다. 이러한 고정관념은 학교에서 몸에 밴 것으로 학교를 졸업해도 계속 따라다닌다. 기업도 이 고정관념에 물들어 있다. 서류에도 그러한 잣대로 내린 판단이 기재되는데 거의 낙인이나 다름없다.

앞에서 설명했지만 성공과 실패에 집착한 대표적인 인물이 루터와 칼뱅이다. 그들의 가르침은 종교 요소에 침투하여 청교도가 미국으로 건너갔을 때 미국에 퍼졌고, 지금은 거의 모든 나라가 성공과 실패의 잣대를 맹목적으로 받아들여 자신들의 윤리로 삼고 있다. 지금은 뻔한 자기계발서나 경제경영서, 컨설팅 책이 일하는 사람들의 교과서가 되어 어디에나 성공과 실패의 잣대를 들이댄다.

그런데 성공이나 실패라는 개념은 처음부터 내용이 공허하다. 누군가의 행위가 성공이었는지 실패였는지 실제로 판단하기란 불가능하기 때문이다. 어느 시점을 두고 판단할지도 문제다. 그리고 일단 판단했을 때 그것이 무슨 의미가 있는 것일까? 소크라테스의 자살은 그의 인생을 실패로 판단할 만한 행위일까?

그러나 비즈니스 세계에서는 성공과 실패에 명확한 기준이 있다. 매출과 이익이 결산 때마다 커지는 쪽이 성공이다. 다시 말해 성공과 실패는 돈의 많고 적음에 지나지 않는다. 이를 더욱 심화하면 경영자와 주주를 부유하게 만드는 것이 성공이라는 뜻이다. 여기서도 성공과 실패는 그 표현 내용에 의미 없는 공허한 개념이다.

실패에 대한 두려움이 더 크다

성공과 실패라는 고정관념은 다양한 형태로 변형되고 확산되었다. 특히 성공은 선이고 실패는 악이라는 기묘한 윤리로 화학변화를 일으켰고 더 나쁜 것은 인간의 위아래를 그 기준으로 결정하는 풍조마저 낳았다는 점이다. 사람들이 노숙자를 기피하거나 폭행하는 사건이 일어나는 것은 노숙자를 실패자, 즉 힘이 약한 악인으로 보기 때문일 것이다. 경멸, 차별, 편애도 이 고정관념에서 생겨났다.

인간이 하는 모든 일에 가치를 부여하기란 쉬운 일이 아니다. 옳고 그름을 판단하는 것조차 거의 불가능하다. 하지만 생명을 부정하는 폭력은 악이다. 선은 어떨까? 무엇이 선행인지 쉽게 판단할 수 있을까? 이것도 곤란하다. 누군가에게 유리하게끔 멋대로 선이라고 부르는 경우가 종종 있기 때문이다.

실패를 극단적으로 두려워하고 성공하는 방법론이나 노하우를 찾아 헤매는 사람이 많다. 무엇을 하든 선례나 노하우를 먼저 찾아보고 나서 시작한다. 연애나 결혼, 섹스 노하우까지 돈벌이를 하려는 경우도 적지 않다. 그리고 노하우를 미리 보지 않으면 마음이 안정되지 않고 불안해진다. 언젠가 실패하지 않을까 내심 두렵기 때문이다.

　노하우를 원하는 병에 걸리면 아무리 시간이 흘러도 주체적으로 행동하지 못한다. 주체적으로 행동하지 못하는 사람은 스스로 새로운 것을 발견하지 못한다. 왜냐하면 노하우를 가지고 싶어 한다는 것은 앞사람이 걸어간 길을 그대로, 안전하게 걸어가고 싶다는 뜻이기 때문이다. 그런 나약한 사람이 어떻게 독자적인 삶을 살 수 있을까? 그래서 노하우를 요구하는 것은 자기만의 인생을 살 가능성을 파괴하는 결과를 낳는다.

공포가 만들어 내는
동조 심리에서 파시즘으로

　무슨 일이든 선례나 노하우를 먼저 찾는 행동이 습관처럼 몸에 밴 사람이 적지 않다. 하지만 그 버릇은 당장 버려야 한다. 왜냐하면 앞으로의 인생을 두려워해서는 안 되기 때문이다. 노하우 의존의 기저에 깔린 공포감은 어느 틈엔가 부화뇌동하는 사람, 동조하는 사람, 붙임성 좋은 사람을 만든다. 다른 사람에게 동조하는 이들의 배후에는 소외되고 싶지 않다는 막연한 불안과 두려움이 있다.

불안감에 사로잡혀서 SNS로 '연결'되고 싶어 하고, '인연'이라는 표현을 이상하리만큼 무겁게 느낀다. 그 그룹이나 '친구'에 속해 있으면 마치 사회에서 자신의 존재나 생각을 인정하고 격려해 준다고 착각한다. 그것이 가상의 울타리에 불과하다는 사실을 조금도 깨닫지 못하고 말이다. 타인의 인정에 의존하는 것은 곧 자기 신뢰를 약하게 만든다. 자신을 신뢰할 수 없을 정도로 타인의 인정을 갈망하게 된다.

프롬은 이렇게 지적했다. "몇 세대 전에는 종교적 죄와 관련하여 인간 생활에 배어 있던 죄의식이 다른 사람과 다르다는 것을 불안해하고 부당하다는 의식으로 바뀌었다." 그런 자세로 있으면 머지않아 권위, 권력, 전통에 매달리게 된다. 그리고 그것이 더 강해지면 어떻게 될까? 집단주의가 된다. 이러한 파시즘에는 나름의 쾌감이 있다. 자신이 보호받고, 인정받고, 칭송받는다는 기분이 들기 때문이다.

파시즘은 정치인과 재계 인사들의 애호품이다. 정치가에게는 대중의 조작이 더욱 간편해지고 전쟁도 쉬워지기 때문이다. 재계인에게는 소비자에 지나지 않는 대중이 뭉칠수록 상품을 팔기 쉽다. 가격만 다르고 질은 거의 같은 상품이 대량으로 팔리기 때문에 생산 비용이 저렴해지고 수

익은 커진다.

보드리야르는 1960년대부터 이 사실을 알고 있었다. 상인이 다양한 상품을 시장에 진열해 놓으면 소비자는 자유로운 선택을 한다고 착각한다는 것을 간파했다. 최근 그 수법을 더 이상 숨기지 않는 대기업이 바로 루이비통(모엣 헤네시 루이비통)이다. 디올을 사든, 펜디를 사든, 셀린느를 사든, 겐조를 사든, 지방시를 사든, 겔랑을 사든, 모두 산하 기업이라서 결국 이익을 보는 것은 루이비통이다. 기업의 세계화는 인간 심리를 포함한 넓은 의미에서의 파시즘이 깊게 침투함으로써 가능해졌다. 그 규모는 이전보다 훨씬 크다.

인생이
항상 불안정하고
불안한가?

대왕님, 방해가 되니 비켜 주시오.

- 디오게네스

불안정하고 안전하지 않은 삶이
건강한 삶이다

 마음이 약해지고 무엇인가 의지할 곳을 찾아 발버둥 칠수록 거대한 손안에 잡혀서 먹잇감이 된다. 그렇다면 어떻게 해야 할까? 우선은 안전, 안심, 안정이 노력만 하면 언젠가 자신의 것이 된다는 환상, 고정관념을 단호히 버려야 한다. 그리고 안전, 안심, 안정은 경제 상황에 의해 생기거나 보장되는 것이 아니라 오로지 자신의 마음에 따른다는 당연한 사실을 깨달아야 한다. 산다는 것은 누구에게나 불안정하고 안전하지 않은 일이다.
 인간의 삶만이 특별히 자연의 변화무쌍한 움직임을 피할 수는 없다. 인간은 자신뿐만 아니라 자연도 통제할 수 없지만 그 사실을 알고 있다면 마음의 파도를 조금은 통제할 수 있다. 사람들은 불안정한 부분에 대해서 그 순간순간마다 견뎌야 한다. 분노를 억누르는 것과 마찬가지로 우리는 견딜 수 있으며 그것은 자기와의 싸움이다. 친구가 있어도 그 친구가 대신 견딜 수 없다.

불안정함을 견디고 불안정하다고 불평하면서도 웃어넘기면 어떻게든 이길 수 있다. 그렇게 몇 번이고 계속해서 견디는 동안, 정말로 강한 자신으로 성장하고 동시에 자신이라는 존재를 만들어 갈 수 있다. 거기에서 도망치기는 쉽다. 그러나 도망치면 값싼 임금으로 시작해 최종적으로 착취라는 함정이 기다리는 파시즘 권력에 자기도 모르게 말려들어 간다.

자유로운 인간이 되는 것

포도원에서 아침부터 일하던 노동자들은 자유롭지 못했다. 퇴근 시간에도 자신이 손에 쥔 임금에 계속 얽매여 있기 때문이다. 보수에 관한 것이 아니더라도 무엇에 얽매인 사람은 자유롭지 못하다. 당연하다. 누구라도 무엇에 얽매여 있다면 자유롭지 못하다. 자유롭지 못하다는 것은 자신의 능력을 마음대로 사용할 수 없다는 뜻이다. 아이들은 자신의 능력을 최대한 발휘하며 놀아서 즐겁다. 어른이 되어도 그것은 본질적으로 변함없다.

자신의 능력을 마음껏 펼칠 때 비로소 사람들은 마음속 깊은 곳에서 기쁨을 느끼고 자기가 자기라는 것에 만족한다. 그것이 자기가 하는 일이라면 더욱 그렇다. 일은 자신을 표현하고 기쁨을 느낄 수 있는 것이다. 그래서 적성에 잘 맞는 일이라면 놀이 요소가 포함되어 있다. 일은 자신의 삶 중에서도 확실한 부분이고 그래서 돈이나 지위나 권리를 얻기 위한 수단이나 고역이 되어서는 안 된다.

기원전 4~5세기 무렵 그리스 아테네에는 인류 최초의 철학자 전기 『그리스 철학자 열전』을 쓴 디오게네스라는 철학자가 있었다. 자족을 신조로 삼았던 디오게네스는 아무것도 가진 것 없이, 큼지막한 술 항아리를 보금자리 삼아 지금으로 말하면 노숙자와 같은 생활을 했다. 플라톤은 그를 '미친 소크라테스'라고 불렀다. 디오게네스는 대화로 철학을 가르치며 기묘한 생활을 하는 것으로 이미 유명했다. 어느 날 알렉산더 대왕이 그를 찾아왔다. 그때의 에피소드가 전승자에 따라 몇 가지 버전으로 남아 있다. 첫 번째 알렉산더 대왕과 디오게네스의 에피소드다.

"너는 나를 두려워하지 않느냐?"

"당신은 누구입니까? 선한 사람입니까, 악한 사람입니까."

"물론 좋은 사람이지."

"그렇다면 누가 선한 자를 두려워하겠소?"

다른 전승자가 전하는 에피소드는 다음과 같다.

"이보게, 뭐 갖고 싶은 거 없나?"

"그곳에 서 있으면 햇빛을 가립니다. 비켜 주시겠소?"

디오게네스는 자유를 소중히 여기는 사람이었다. 현대사회에서 회사에 다니는 사람에게는 디오게네스가 예의를 모르는 사람으로 느껴질 것이다. 또 상대의 신분을 고려해 대응해야 한다고 생각할 것이다. 그러나 그것은 예의범절을 아는 것이 아니라 손해 득실을 재빠르게 계산하여 자신에게 모든 형태의 손해가 가지 않도록 처세하는 것뿐이다.

좋아하는 장소에서 햇볕을 쬐던 아이라면 알렉산더 대왕에게 디오게네스처럼 말할 것이다. 그것이 누구에게도 완전히 공평하게 대하는 것이 아닐까? 만약 그렇지 않다면 자기 자신이나 상대를 차별, 소외하고 있는 것은 아닐까? 자유로운 인간이라면 사실 차별과 소외에서 벗어난 행동을 할 테니까 말이다.

18

사후에도
영혼은 계속
살아 있을까?

초인으로 산다.

- 니체

죽음과 잠은 같은 것일까?

아마 대부분의 사람이 죽음이란 자신의 모든 것이 사라지는 것으로 생각할 것이다. 혹은 죽음이란 삶의 종점, 더 이상 삶이 없는 상태라고 여길 것이다. 그렇다면 삶이 없다는 것은 자신이 살아 있다는 것을 느끼지 못하는 상태를 말하는 것이 아닐까? 그렇다면 사람들은 항상 그런 상태를 경험하고 있지 않은가? 잠을 잘 때 말이다.

깊은 잠을 자는 동안 사람들은 자신이 살아 있다는 것을 느끼지 못한다. 이에 대해 18세기 철학자 흄도 『인간본성론 *A Treatise of Human Nature*』에서 다음과 같은 말을 했다. "깊은 잠이 들어 잠시 나의 지각이 없어질 때, 나는 그사이 나 자신을 느끼지 못한다. 사실 그사이는 존재하지 않는다고 말해도 좋을 것이다."

흄에게 죽음이란 지각을 완전히 상실한 상태를 뜻한다. 지각이 없으면 자기가 누구인지도 알지 못하고 꿈꾸는 듯한 기분도 들지 않는다. 삶과 죽음이 신의 지배를 받는다는 기독교적 사고가 일반적이던 당시 유럽에서 흄의 이러한 이론은 독특하고 새로운 것이었다. 그런 점에서 흄은 철학자라 불리기에 손색없는 인물이다.

> **데이비드 흄**
> David Hume, 1711~1776
>
> 스코틀랜드 출신의 철학자, 경제학자, 역사가. 에든버러 대학을 자퇴하고 자신의 성에서 철학을 연구했다. 영국의 경험주의를 완성시켰다고 평가받으며, 애덤 스미스와 함께 스코틀랜드 계몽주의 운동을 대표하는 인물이다. 칸트에게 영향을 주었다. 저서로는 『인간 본성에 관한 논고』와 『인간 이해에 관한 탐구』가 있다.

'나'는 죽는다

그로부터 300년이 지난 21세기 인지 신경 과학자 세스가 인간의 의식에 관해 연구하면서 놀라운 발견을 했다. 그에 따르면 우리가 보고 느끼는 것은 사물 그 자체가 아니라 우리의 뇌가 미리 컨트롤하는 것이라고 한다. 아닐 쿠마르 세스는 『내가 된다는 것 Being You』(2021년)에서 이렇게 말한다. "우리가 어떤 것을 지각할 때, 그 지각 내용은 감각 신호에 의해 운반되는 것이 아니라 동작과 감각이 어떻게 결합하는가에 대한 뇌의 암묵적인 지식으로 나타난다."

예를 들어 채소 진열대에 있는 빨간 토마토를 보면 사람들은 보통 빨간 토마토가 잔뜩 쌓여 있다고 느낀다. 다른 토마토로 인해 그늘이 져서 보라색으로 보여도 토마토가 보라색이라고 지각하지 않는다. 즉, 토마토 색이라는 외부의 전기신호를 그대로 포착하고 그것을 자신의 지각이라고 간주하지 않는다. 잘 익은 토마토는 붉은색이라는 지식으로 자신의 지각을 컨트롤하며 지각을 컨트롤한다는 자각도 없다. 그 결과 그곳에 있는 토마토는 모두 붉다고 이해하는 것이다.

지각은 외부에서 들어온 정보를 그대로 포착하는 것이 아니라 언제나 자신의 내부에서 외부로 향한다. 즉, 뇌가 예측한 '최선의 추측'을 통해 바라보는 것이다. 따라서 보이는 것은 사실 그대로가 아니다. 뇌가 적극적으로 만든 환각이다. 사실 뇌에 의한 그러한 컨트롤은 외부에 대한 지각에만 작용하는 것이 아니다. 지구가 자전하는 것이 아니라 하늘이 움직이는 듯한 감각 혹은 평소와 조금도 달라진 데가 없는 나라는 자기 감각도 뇌에 의해 컨트롤된 착각, 환각이다.

컨트롤이 일어나는 이유는 평소의 자신이 여기에 있다는 자기 감각이 있어야 살아가는 데 편리하기 때문이다. 하지만 현실의 내가 항상 똑같을 수는 없다. 세포가 교체되어 과거의 내가 되는 일은 일어나지 않기 때문이다. 여느 때와 다름없는 나라는 생각은 착각이다.

세스의 이러한 발견을 고려하면 여기서 '자신'이 '죽는다'는 말이 전혀 의미가 없어질 가능성도 있지 않을까? 왜냐하면 여기서 '나'라는 존재는 언제나 환각이기 때문이다. 죽음이 어떤 것인지를 밝힌 철학자는 없다. 과학자도 없다. 그러나 수학자이자 신학자, 과학자, 철학자, 현대 버스의 원형이 되는 승합마차 기업의 창업자이기도 한 파스칼은 인간이 알고 있는 지식의 한계에 대해서 『팡세』에서 이렇게 말한다. "우리는 중간에 있을 뿐이다. 우리는 극단적인 것을 지각할 수도 없고 이해할 수도 없다. 극단적인 것은 우리에게 존재하지 않는 것과 같고, 우리는 우리가 알고 있는 정도만 안다. 그래서 어떤 것에 대해서도 확실하게 아는 것은 없지만 전혀 모르는 것도 아니다. 우리는 중간에 살고 있다."

죽음이란 우리가 아는 범위인 그 중간에는 존재하지 않을 가능성이 높다. 참고로 기원전 4세기경 고대 중국 전국시대에 살았던 열어구(列禦寇)는 『열자列子』에서 죽음에 대해 이렇게 말했다. "삶과 죽음에 대해 이러쿵저러쿵하며 자기 마음을 지치게 해서는 안 된다. 여기서 죽음이라고 하는 것이 다른 곳에서는 생명일지도 모르기 때문이다."

 아닐 쿠마르 세스
Anil Kumar Seth, 1972~

20년 이상 의식의 뇌 기반 연구를 개척해 왔으며 『30 Second Brain』을 비롯한 여러 책을 집필했다. 영국과학협회 심리학 분야 회장을 역임했으며, 2019년 영국 키드스피리트 퍼스펙티브 상을 수상했다.

사후 세계는 정말 존재할까?

죽음이 무엇인지 알지 못하면서도 먼 옛날부터 인간은 죽어도 영혼은 분리되어 남는다고 상상했다. 나아가 영혼은 다른 세계로 간다고 상상하고 그러한 상상이 마치 진실인 양 믿으며 저승에 관한 갖가지 이야기를 지어냈다. 그것은 살아생전에는 자신의 태도에 윤리를 강조하는 데 도움이 되었고 원한을 품은 사람을 향한 복수심을 달래는 데도 유용했다. 삶의 불합리함에 대한 설명도 됐고 사후에도 다른 형태의 삶이 있다고 하여 안도할 수 있게 했다. 동시에 종교 단체에 속한 사람들이 장례식이나 신비한 의식을 통해 장사하는 것을 매우 쉽게 만들었다. 그 이면에서는 사후에 영혼이 있다는 생각을 하지 않는 사람들을 모멸하고 차별했다.

만일 사람이 죽은 후에도 영혼이 존재하거나 사후 세계가 존재한다면 우리가 일상에서 유용하게 쓰는 에너지 보존 법칙과 모든 물리학 법칙이 뒤집힐 것이다. 그럼에도 불구하고 다수의 현대인은 확실한 이유 없이 사후 세계가 존재한다고 믿는다.

종교도 사후 세계를 전제로 가르치는 곳이 많다. 가톨릭 교리에서는 사후에 사람은 천국, 연옥, 지옥 중 한 곳에 간다고 가르친다. 개신교에는 연옥이라는 개념이 없다. 이슬람교에서는 죽은 후에는 최후의 심판의 날에 죽은 자들이 부활하여 살아 있는 동안의 행실을 신에게 평가받고 천국이나 지옥에 간다고 본다. 천국에는 고기, 과일, 취하지 않는 술, 훌륭한 침대가 있고 미녀들이 기다리며 전투에서 전사한 사람은 그대로 천국에 간다고 한다.

불교는 싯다르타가 살아 있을 때는 깨달음을 얻는 것이 목적이었지만 그가 죽은 후에는 종교로 바뀌어 윤회니 전생이니 하는 개념이 중요하게 이야기되고 있다.

현실 사회에서의 삶을 무시한다

19세기 독일 철학자 니체는 『차라투스트라는 이렇게 말했다』에서 천국과 지옥, 요컨대 저승을 '배후 세계'라고 불렀다. 현실 세계의 뒤편에 있는 세계라는 뜻이다. 니체는 배후 세계에 가치를 두는 것에 강하게 반대했다. 왜냐하면 저세상에 가치를 두면 현실에서의 삶을 등한시할 수 있기 때문이다. 이는 저세상만 생각하게 된다는 의미만이 아니라 살아가는 데 있어서의 가치 중심을 저세상에 두게 된다는 말이다. 예를 들어 이슬람교 성전 『코란』에는 '저세상에 비하면 이 세상의 삶은 보잘것없다'고 쓰여 있는데, 그런 가치관을 가지면 지금의 자신을 소홀히 할 수 있다는 말이다. 그것은 이슬람교 신자만이 아니라 기독교 신자도 마찬가지다.

특정 종교를 믿지 않는 사람이 사후 세계, 즉 배후 세계의 존재를 믿는다면 가치관의 중심이 배후 세계에 있을 가능성이 높다. "할아버지는 천국에서도 술을 마시고 계시려나?" 같은 말을 생각해 보라. 하지만 이 말이 배후 세계 신앙이라는 것을 자각하지 못한다. 혹은 영혼이나 정신에 높은 가치를 두는 사람도 마찬가지다. 그들은 정신을 단련하면 행동이 좋아진다고 진심으로 생각한다. 영혼이나 정신이 육체를 컨트롤한다고 믿는 것이다.

지금을 살아라

저승과 같은 배후 세계를 믿고 정신론에 물든 사람은 지금 있는 그대로의 자신을 부정하고 지금의 삶을 소외시키고 있다고 말할 수 있다. 니체의 주장을 지금까지의 설명에 빗대자면 지금 가지고 있는 몸을 절대로 소외시키지 말라, 현재의 몸에 가치를 두고 현재 자신의 삶을 소중히 하라는 것이다. 니체는 그렇게 사는 사람을 '초인'이라고 했다.

초인(超人)이라고 한 이유는 저승이 있다는 것을 쉽사리 믿는 등 세속적인 관념에 물든 많은 사람을 초월했기 때문이다. 초인은 니체의 표현으로 말하면 '대지에 충실한' 사람이다. 대지에 충실하다는 말은 저세상이니 정신이니 영혼이니 하며 멋대로 몽상하지 않고 그저 지금의 삶, 지금의 몸을 위해 잘 사는 것을 의미한다. 이것이 인간으로서 인생을 건강하게 사는 길이다.

인간의 이런 삶을 처음 발견한 것이 니체는 아니다. 여러 가지 말로 삶의 지혜가 전해지는데 그것도 '지금을 살아라'라는 말로 요약할 수 있다. 다만 '지금을 살아라'라는 말이 지금, 이 순간을 최대한 즐기라거나 찰나적으로 살라는 말로 왜곡되는 경우가 있다. '지금을 살아라'는 몽상 속에 떠 있는 가치를 믿지 말고 지금 이 손안에 있는 자신을 소중히 여기며 살자는 말이다. 개와 고양이를 보라. 그들은 그렇게 사는 것이 무엇인지 보여주며 하루하루를 보낸다.

프리드리히 니체
Friedrich Nietzsche, 1844~1900

프로이센 왕국에서 태어났다. 젊어서 바젤 대학교 고전 문헌학 교수로 재직하다 건강상의 이유로 사직하고 휴양지를 다니며 독자적인 철학을 세웠다. 쇼펜하우어의 의지철학을 계승하는 '생의 철학'의 기수이며, 키르케고르와 함께 실존주의의 선구자로 일컬어진다. 서구의 전통을 깨고 새로운 가치를 세우고자 했기 때문에 '망치를 든 철학자'라는 별명을 갖게 되었다. 『반시대적 고찰』, 『차라투스트라는 이렇게 말했다』 등 많은 명저를 남겼다.

철학자의 질문

초판 1쇄 발행 2025년 7월 15일

지은이 시라토리 하루히코
옮긴이 전경아
펴낸이 김영범

펴낸곳 ㈜북새통·토트출판사
주소 (03938) 서울특별시 마포구 월드컵로36길 18 902호
대표전화 02-338-0117
팩스 02-338-7160
출판등록 2009년 3월 19일 제315-2009-000018호
이메일 thothbook@naver.com

ⓒ시라토리 하루히코, 2024
ISBN 979-11-94175-33-9 03100

잘못된 책은 구입한 서점에서 교환해 드립니다.